Die Deutsche Welle

Studien zum deutschen und europäischen Medienrecht

herausgegeben von Dieter Dörr

mit Unterstützung der Dr. Feldbausch Stiftung

Bd. 15

PETER LANG
Frankfurt am Main · Berlin · Bern · Bruxelles · New York · Oxford · Wien

Dieter Dörr/Stephanie Schiedermair

Die Deutsche Welle
Die Funktion, der Auftrag, die Aufgaben
und die Finanzierung heute

PETER LANG
Europäischer Verlag der Wissenschaften

Bibliografische Information Der Deutschen Bibliothek
Die Deutsche Bibliothek verzeichnet diese Publikation in der
Deutschen Nationalbibliografie; detaillierte bibliografische
Daten sind im Internet über <http://dnb.ddb.de> abrufbar.

ISSN 1438-4981
ISBN 3-631-51685-1
© Peter Lang GmbH
Europäischer Verlag der Wissenschaften
Frankfurt am Main 2003
Alle Rechte vorbehalten.

Das Werk einschließlich aller seiner Teile ist urheberrechtlich
geschützt. Jede Verwertung außerhalb der engen Grenzen des
Urheberrechtsgesetzes ist ohne Zustimmung des Verlages
unzulässig und strafbar. Das gilt insbesondere für
Vervielfältigungen, Übersetzungen, Mikroverfilmungen und die
Einspeicherung und Verarbeitung in elektronischen Systemen.

www.peterlang.de

VORWORT

Als die einzige Rundfunkanstalt des Bundes genießt die Deutsche Welle eine singuläre Stellung in der deutschen Rundfunklandschaft. Dieser besonderen Stellung trägt das Deutsche-Welle-Gesetz Rechnung, das die rechtlichen Rahmenbedingungen der Deutschen Welle festlegt. Derzeit wird über eine Änderung des bereits mehrfach novellierten Deutsche-Welle-Gesetzes diskutiert. Dabei sollen insbesondere der Programmauftrag und die Finanzierung der Deutschen Welle gesetzlich konkretisiert werden.

Die vorliegende Abhandlung, die auf ein von der Deutschen Welle in Auftrag gegebenes Gutachten zurückgeht, widmet sich den verfassungsrechtlichen Rahmenbedingungen der geplanten Gesetzesnovelle. Zunächst werden die für die Stellung der Deutschen Welle grundlegenden Verfassungsentscheidungen wie insbesondere die Rundfunkfreiheit und das Bekenntnis des Grundgesetzes zur internationalen Zusammenarbeit aufgezeigt. Aus diesen verfassungsrechtlichen Vorgaben werden Anforderungen an den Gesetzgeber entwickelt, wie aufgrund der besonderen Funktion der Deutschen Welle deren Programmauftrag insgesamt, deren einzelne Aufgaben und deren Finanzierung ausgestaltet werden müssen. Schließlich bietet die vorliegende Untersuchung Formulierungsvorschläge für den Programmauftrag, die Aufgaben sowie die Finanzierung der Deutschen Welle, mit denen der Gesetzgeber eine verfassungsrechtlich einwandfreie Konkretisierung des Deutsche-Welle-Gesetzes vornehmen könnte.

Mainz, im Juli 2003   Dieter Dörr

INHALTSVERZEICHNIS

Vorwort	5
Inhaltsverzeichnis	7
I. Die geplante Novellierung des Deutsche-Welle-Gesetzes	11
II. Die Funktion und der Auftrag der Deutschen Welle im Verfassungsgefüge des Grundgesetzes	17
1. Allgemeines	17
2. Die Funktionen des inländischen öffentlich-rechtlichen Rundfunks	18
3. Die Entscheidung für die internationale Zusammenarbeit und die Funktion der Deutschen Welle	24
4. Der Verfassungsauftrag zur europäischen Integration und die Funktion der Deutschen Welle	26
5. Konsequenzen für die Deutsche Welle	28
III. Die Vorgaben der Rundfunkfreiheit	32
1. Die Rechtsprechung des Bundesverfassungsgerichts	32
2. Die Rundfunkfreiheit als dienende Freiheit	33
3. Rundfunkanstalten als Träger der Rundfunkfreiheit	34
4. Der Grundsatz der Staatsferne	35
5. Die Geltung der Rundfunkfreiheit für die Deutsche Welle	37
a) Allgemeines	37
b) Die Abgrenzung zwischen Rundfunk und Öffentlichkeitsarbeit	38
c) Die Grundrechtsträgerschaft der Deutsche Welle	40

IV.	**Der Programmauftrag der Deutschen Welle und seine mögliche Ergänzung**	43
1.	Der Kulturauftrag der Deutschen Welle als Kern ihres Programmauftrages	43
2.	Die Konkretisierung des Programmauftrages der Deutschen Welle	48
V.	**Die Online-Aktivitäten der Deutschen Welle**	49
1.	Die Deutsche Welle im Internet	49
2.	Rechtliche Vorgaben für die Online-Aktivitäten der Deutschen Welle	51
3.	Online-Angebote als Randbetätigung der Deutschen Welle	52
4.	Online-Dienste als Primärmedium und die besonderen Aufgaben der Deutschen Welle	55
VI.	**Die Finanzierung der Deutschen Welle**	58
1.	Der Anspruch auf funktionsgerechte Finanzausstattung	58
2.	Das Gebührenurteil des Bundesverfassungsgerichts und seine Bedeutung für die Finanzierung der Deutschen Welle	61
3.	Das Verfahren zur Bemessung des Bundeszuschusses	64
	a) Die Vorgaben des Bundesverfassungsgerichts für das Gebührenfestsetzungsverfahren	64
	b) Konsequenzen für die Festsetzung des Bundeszuschusses	67
	aa) Die Bedarfsanmeldung der Deutschen Welle durch die Aufgabenplanung	67
	bb) Die Überprüfung und Festlegung des Finanzbedarfs durch eine unabhängige Kommission	71
	cc) Die Entscheidung durch den Haushaltsgesetzgeber	73

VII.	**Zusammenfassung**	75
1.	Die geplante Novellierung des Deutsche-Welle-Gesetzes	75
2.	Die Funktion und der Auftrag der Deutschen Welle im Verfassungsgefüge des Grundgesetzes	75
3.	Der Programmauftrag der Deutschen Welle und seine mögliche Ergänzung	76
4.	Die Vorgaben der Rundfunkfreiheit	77
5.	Die Online-Aktivitäten der Deutschen Welle	78
6.	Die Finanzierung der Deutschen Welle	79
Literaturverzeichnis		83

I. Die geplante Novellierung des Deutsche-Welle-Gesetzes

In jüngerer Zeit spielen in den medienpolitischen Diskussionen die Fragen der Finanzausstattung der Deutschen Welle, ihre zukünftige programmliche Ausrichtung, die Zusammenarbeit mit ARD-Landesrundfunkanstalten und ZDF und die Kostenstrukturen eine große Rolle.[1] Dabei geht es immer wieder auch um die Aufgabe und den Programmauftrag der Deutschen Welle, die in § 3 und § 4 des Gesetzes über die Rundfunkanstalt des Bundesrechts „Deutsche Welle" (Deutsche-Welle-Gesetz - DWG[2]) geregelt sind. In diesem Zusammenhang wurde in unterschiedlichen Stellungnahmen des Beauftragten der Bundesregierung für Angelegenheiten der Kultur und Medien beim Bundeskanzler (BKM) und anderer immer wieder diskutiert, ob und inwieweit die Vorschriften über den Programmauftrag präzisiert und die Bestimmungen über die Finanzierung, die sich in §§ 44 ff. DWG finden, geändert werden sollten. Dabei spielt die Frage eine wichtige Rolle, in welcher Weise die in § 46 Abs. 3 DWG vorgesehene Aufgabenplanung in Zukunft erfolgen soll. Schließlich ist im Hinblick auf die Aufgabe und den Auftrag der Deutschen Welle besonders bedeutsam, ob und inwieweit sich der Auslandsrundfunk des Internets bedienen darf. Gerade die Verbreitung von Programmen und Begleitinformationen mittels Online-Diensten besitzt als neue Möglichkeit, Zuhörer und Zuschauer im Ausland zu erreichen, entscheidende Bedeutung.

Die Gesetzgebung zur Deutschen Welle hat in der Vergangenheit immer wieder wichtige Veränderungen erfahren. Die Deutsche Welle, die 1953 den Sendebetrieb aufgenommen hat, wurde im Jahr 1960 durch das Bundesrundfunkgesetz[3] (BRfG) auf eine bundesgesetzliche Grundlage gestellt. Sie hatte

---

[1] Vgl. dazu etwa Deutsche Welle (Hrsg.), Stellung & Finanzierung des deutschen Auslandsrundfunks, DW-Symposium März 2000, Dokumentation, 2000 mit Beiträgen von *Weirich, Bethge, Dörr, Ricker, Holznagel, Schiedermair, Di Fabio*; *Hartstein*, Die Finanzierungsgarantie des Bundes für die Deutsche Welle, 1999; *Dörr*, Die verfassungsrechtliche Stellung der Deutschen Welle, 1998.

[2] In der Fassung vom 16.12.1997, BGBl. 1997 I, 3094, zuletzt geändert durch Art. 81 des Gesetzes vom 29.10.2001, BGBl. 2001 I, 2785.

[3] Gesetz über die Errichtung von Rundfunkanstalten des Bundesrechts vom 29.11.1960, BGBl. 1960 I, 862, zuletzt geändert durch Gesetz vom 20.12.1993, BGBl. 1993 I, 2246.

zunächst den Auftrag, sich über die Grenzen Deutschlands hinaus an die Hörer in aller Welt zu wenden, um sie über Ereignisse, Entwicklungen und Auffassungen in Deutschland zu informieren sowie über internationale Vorgänge zu berichten. Seit Anfang der achtziger Jahre ist neben den Hörfunk auch das Fernsehen getreten, allerdings bis 1992 nur durch die Weitergabe von auf Kassetten aufgezeichneten Sendungen an ausländische Sender. Die Deutsche Welle wendet sich heute also auch an Fernsehzuschauer in aller Welt. Sendegebiet der Deutschen Welle ist im Gegensatz zu den anderen öffentlich-rechtlichen Rundfunkanstalten gerade das Ausland, so dass die Deutsche Welle als Auslandsrundfunkanstalt zur Darstellung Deutschlands in der Welt bezeichnet werden kann.

Schon die Wiedervereinigung Deutschlands bedingte eine Neuordnung des Rundfunkwesens der Bundesrepublik Deutschland und betraf auch die Bundesrundfunkanstalten. Zunächst ist darauf hinzuweisen, dass durch die friedliche Revolution in der DDR und die nachfolgende deutsche Einheit das weltweite Interesse an dem Geschehen in Deutschland ganz erheblich angestiegen ist. Hinzu kommt, dass sich der Auftrag der bisherigen Rundfunkanstalt Deutschlandfunk (DLF), die gleichfalls durch das BRfG errichtet wurde und vornehmlich die Menschen in der DDR mit Hörfunk zu versorgen hatte, durch die deutsche Einheit erledigte. An die Stelle des Deutschlandfunks (DLF) ist das Deutschlandradio getreten, das die Länder durch den Staatsvertrag vom 17. Juni 1993 über die Körperschaft des öffentlichen Rechts Deutschlandradio[4] gegründet haben.

Auf der Grundlage des Staatsvertrages zwischen der Bundesrepublik Deutschland und den Ländern über die Überleitung von Rechten und Pflichten des Deutschlandfunks und des RIAS Berlin auf die Körperschaft des öffentlichen Rechts Deutschlandradio (Hörfunk-Überleitungsstaatsvertrag) vom 17. Juni 1993[5] wurden die Rechte und Pflichten der früheren Bundesrundfunkanstalt DLF und des Rundfunks im amerikanischen Sektor von Berlin (RIAS Berlin), dessen Grundlage ebenfalls durch die deutsche Einheit entfal-

---

[4] Vgl. etwa BayGVBL 1993, 1007 ff.
[5] Vgl. BayGVBL 1993, 1017 ff.

len war, auf diese Körperschaft des öffentlichen Rechts mit dem Namen Deutschlandradio übergeleitet.[6] Durch diese Entwicklung ist nur noch die Deutsche Welle als Bundesrundfunkanstalt verblieben. Ihr Aufgabenbereich hat nicht nur durch das gestiegene Interesse an den politischen Ereignissen in Deutschland, sondern auch durch die weltweiten Veränderungen der Mediennutzungsgewohnheiten erheblich zugenommen. So ist das Fernsehen das wichtigste Informationsmittel geworden. Die Deutsche Welle, die früher nur Hörfunksendungen in 34 verschiedenen Sprachen veranstaltete, die regelmäßig über Kurzwelle rund um den Globus übertragen wurden, hat diese Entwicklung aufgegriffen. Daher veranstaltet die Deutsche Welle bereits seit Mai 1992 durch die neue Fernsehdirektion Berlin neben ihren Hörfunkprogrammen zusätzlich ein Fernsehprogramm, das über unterschiedliche Satelliten weltweit verbreitet wird. Die Darstellung Deutschlands in der Welt erfolgt durch diese hinzugekommene aktuelle Fernsehberichterstattung umfassender als bisher.

Die Veränderungen, die die Wiedervereinigung Deutschlands mit sich brachte, und die wachsende Bedeutung der Deutschen Welle haben bereits ab 1994 zu dem Versuch geführt, die Deutsche Welle auf eine neue rechtliche Grundlage zu stellen und das bislang geltende BRfG abzulösen. So wurde am 16. Juni 1994[7] im Bundestag das Gesetz über den deutschen Auslandsrundfunk beschlossen. Allerdings rief der Bundesrat nach der Zuleitung des Gesetzesbeschlusses den Vermittlungsausschuss an.[8] In dieser Phase blieb das Gesetzgebungsverfahren endgültig stehen; ein Gesetz über den deutschen Auslandsrundfunk kam in der damaligen Legislaturperiode nicht mehr zustande.

Danach wurde das Gesetz erneut eingebracht und kam am 16. Dezember 1997 endgültig zustande. Das DWG vom 16. Dezember 1997 bestimmt, dass die Deutsche Welle eine rechtsfähige, mit dem Recht der Selbstverwaltung ausgestattete gemeinnützige Anstalt des öffentlichen Rechts ist. Auch die Finanzierung der Deutschen Welle wurde im Abschnitt 3 auf eine neue rechtliche

---

[6] Vgl. dazu *Hartstein/Ring/Kreile/Dörr/Stettner*, Rundfunkstaatsvertrag, Loseblatt, Stand 11. Ergänzungslieferung 2002, Vor § 11 Rdnr. 23 ff.
[7] Vgl. BRats-Drs. 577/94 vom 8.7.1994.
[8] Vgl. BRats-Drs. 577/94.

Grundlage gestellt. Schließlich belegen Inhalt und Begründung des Gesetzesentwurfs, dass bereits die Entwurfsverfasser des geltenden Gesetzes davon ausgingen, dass der Deutschen Welle das Grundrecht der Rundfunkfreiheit zusteht, also Art. 5 Abs. 1 Satz 2 GG gem. Art. 19 Abs. 3 GG seinem Wesen nach auf diese öffentlich-rechtliche Anstalt anwendbar ist.

Das Gesetz über die Rundfunkanstalt des Bundesrechts „Deutsche Welle" (Deutsche-Welle-Gesetz - DWG) vom 16. Dezember 1997, das am 24. Dezember 1997 und hinsichtlich seiner Finanzierungsbestimmungen am 1. Januar 1998 in Kraft getreten ist, regelt die Fragen der Aufgabe der Deutschen Welle sowie ihren Programmauftrag in seinem 1. Abschnitt und die Finanzierung - wie bereits ausgeführt - in seinem 3. Abschnitt. Danach hat die Deutsche Welle die Aufgabe, Rundfunk für das Ausland zu veranstalten. Ihr Programmauftrag ist darauf ausgerichtet, den Rundfunkteilnehmern im Ausland ein umfassendes Bild des politischen, kulturellen und wirtschaftlichen Lebens in Deutschland zu vermitteln und ihnen die deutschen Auffassungen zu wichtigen Fragen darzustellen und zu erläutern. Die diesbezüglichen Bestimmungen lauten:

§ 3

Aufgabe

(1) Die Deutsche Welle veranstaltet Rundfunk (Hörfunk und Fernsehen) für das Ausland.

(2) Die Rundfunksendungen der Deutschen Welle werden sowohl in deutscher Sprache als auch in Fremdsprachen verbreitet.

§ 4

Programmauftrag

Die Sendungen der Deutschen Welle sollen den Rundfunkteilnehmern im Ausland ein umfassendes Bild des politischen, kulturellen und wirtschaftlichen Lebens in Deutschland vermitteln und ihnen die deutschen Auffassungen zu wichtigen Fragen darstellen und erläutern.

Die Finanzierung der Deutschen Welle richtet sich nach §§ 44 ff. DWG. Die wichtigsten Bestimmungen lauten wie folgt:

§ 44

Finanzierungsgarantie

Der Deutschen Welle wird die Finanzierung derjenigen Programme ermöglicht, deren Veranstaltung zur Wahrnehmung ihres gesetzlichen Programmauftrages unter Berücksichtigung der rundfunktechnischen Entwicklung erforderlich ist.

§ 45

Einnahmen

(1) Die Deutsche Welle finanziert sich aus dem jährlichen Zuschuss des Bundes und sonstigen Einnahmen.

(2) Der Zuschuss des Bundes bestimmt sich nach dem Haushaltsgesetz des Bundes und dem Haushaltsplan der Deutschen Welle.

(3) Eigene Einnahmen der Deutschen Welle werden nach Maßgabe des Haushaltsgesetzes auf den Zuschuss des Bundes angerechnet.

§ 46

Grundsätze der Haushaltswirtschaft

(1) Die Deutsche Welle ist in ihrer Haushaltswirtschaft selbstständig, soweit dieses Gesetz nichts anderes bestimmt oder zulässt.

(2) Die Deutsche Welle gibt sich im Einvernehmen mit dem Bundesrechnungshof eine Finanzordnung, die die Aufstellung und Ausführung des Haushaltsplans, die Kassen- und Buchführung sowie die Rechnungslegung der Deutschen Welle näher regelt.

(3) Die Deutsche Welle verabschiedet eine Aufgabenplanung, aus der sich insbesondere die Programmleistungen der Deutschen Welle, vorgesehene Änderungen im Programmbereich sowie die Entwicklung der Investitionskosten für einen Zeitraum der nächsten drei Jahre ergeben. Bei der Aufgabenplanung sind die finanziellen Möglichkeiten nach § 45 Abs.1 zu berücksichtigen. Die Deutsche Welle leitet die beschlossene Aufgabenplanung unverzüglich der Bundesregierung, dem Deutschen Bundestag und dem Bundesrechnungshof zu.

Die Bestimmungen der §§ 48 und 49 DWG haben den Haushaltsplan zum Gegenstand. Dabei erklärt der Gesetzgeber in § 49 DWG zahlreiche Haushaltsgrundsätze von Bund und Ländern für auch auf die Deutsche Welle anwendbar. Zudem schreibt § 50 DWG vor, dass und inwieweit einzelne Ausgaben im Haushaltsplan der Deutschen Welle für deckungsfähig erklärt werden können. Darüber hinaus enthält § 51 DWG erhebliche Einschränkungen bei der Übertragbarkeit von Ausgaben. Übertragbar sind nach dieser Vorschrift nur Ausgaben für Investitionen. Dies ist auch noch von besonderen Voraussetzungen abhängig. Schließlich verlangt § 47 DWG, dass die Mitarbeiter der Deutschen Welle mit denen des Bundes tarifvertraglich gleichgestellt werden.

In ihrer Koalitionsvereinbarung „Erneuerung - Gerechtigkeit - Nachhaltigkeit" vom Oktober 2002 sind SPD und Bündnis 90/Die Grünen unter anderem wie folgt übereingekommen:

> „Das Deutsche-Welle-Gesetz wird novelliert, um die Möglichkeiten des Senders weiter zu verbessern, die Vielfalt unserer Gesellschaft sowie die Stellung, die Verantwortung und den Beitrag Deutschlands im globalen Entwicklungsprozess zielgruppengerecht vermitteln zu können. Dazu bedarf es insbesondere einer Konkretisierung des Programmauftrages."

Auf der Grundlage der Koalitionsvereinbarung ist mit einer erneuten Novellierung des Deutsche-Welle-Gesetzes in der laufenden Legislaturperiode zu rechnen. Dabei ist einmal zu klären, ob und inwieweit eine Konkretisierung des Programmauftrages verfassungsrechtlich möglich und medienpolitisch sinnvoll ist. Zudem ist im Hinblick auf die technischen Entwicklungen und im Interesse der Erreichbarkeit von Zuhörern und Zuschauern im Ausland auszuloten, inwieweit sich die DW der Online-Dienste als Primärmedium bedienen darf. Dazu ist eventuell eine Erweiterung der Aufgabenbeschreibung in § 3 DWG erforderlich. Schließlich ist im Hinblick auf die schon länger andauernden Diskussionen die Frage zu vertiefen, wie eine funktionsgerechte Finanzierung der DW verfahrensrechtlich gewährleistet werden kann. Um dies zu erreichen, sind Änderungen der Finanzierungsregelungen angezeigt. Die angesprochenen drei Themenbereiche sollen im Folgenden eingehend analysiert werden. Dazu ist es zunächst notwendig zu untersuchen, welche Funktion der Deutschen Welle im Verfassungsgefüge der Bundesrepublik Deutschland zukommt. Dieser Frage wurde bisher kaum Beachtung geschenkt. Die vorliegenden Untersuchungen konzentrieren sich stets darauf, welche Funktion der inländische öffentlich-rechtliche Rundfunk zu erfüllen hat, ob und inwieweit dieser inländische öffentlich-rechtliche Rundfunk im

Hinblick auf das demokratische Prinzip legitimiert und unabdingbar notwendig ist.[9] Dagegen fehlen vergleichbare Überlegungen zum öffentlichrechtlichen Auslandsrundfunk, dem in der juristischen Literatur insgesamt erst in jüngerer Zeit die gebührende Aufmerksamkeit gewidmet wurde.[10] Nur wenn und soweit es gelingt, die Funktion der Deutschen Welle zu beschreiben, also die Frage zu beantworten, warum die Auslandsrundfunkanstalt Deutsche Welle im wohlverstandenen deutschen Interesse unter Beachtung der Bestimmungen des Grundgesetzes notwendig ist, lassen sich die im Gutachten auszulotenden Problemkreise klären. Zudem ergibt sich aus der Funktion, warum die Rundfunkfreiheit für die Deutsche Welle gelten muss. Schließlich macht die grundlegende Funktion der Deutschen Welle auch deutlich, welche verfassungs- und medienpolitischen Erwägungen bei der Ausgestaltung des Programmauftrages, der Aufgabenbeschreibung und der Finanzierung Berücksichtigung finden sollten.

II. Die Funktion und der Auftrag der Deutschen Welle im Verfassungsgefüge des Grundgesetzes

1. Allgemeines

Die herausragende Funktion des Auslandsrundfunks und damit auch der Deutschen Welle ist bisher zwar von manchen vorausgesetzt[11], aber nie im Einzelnen herausgearbeitet und begründet worden. Die spezifische Funktion der Deutschen Welle hängt mit gleichermaßen fundamentalen wie zeitlosen Aufgaben des Staates zusammen, die im Grundgesetz an vielfältiger Stelle zum Ausdruck kommen.[12] Diese Aufgaben, die man mit dem Schlagwort „Bekenntnis des Grundgesetzes zur internationalen Zusammenarbeit"[13] be-

---

[9] Vgl. dazu unter III. 1. und III. 2.
[10] Vgl. dazu die Nachweise in Fn. 1.
[11] Vgl. vor allem *Dörr* (Fn. 1), 26 ff.
[12] Hierzu näher unter II. 3. und II. 4.
[13] So erstmals grundlegend *Vogel*, Die Verfassungsentscheidung des Grundgesetzes für die internationale Zusammenarbeit, 1964.

schreiben kann, nehmen an Bedeutung ständig zu und machen damit die Existenz einer öffentlich-rechtlichen Auslandsrundfunksanstalt immer wichtiger. Man sollte sich allerdings zunächst klar machen, welche Funktion der inländische Rundfunk und insbesondere der öffentlich-rechtliche inländische Rundfunk im dualen System wahrzunehmen hat. Daraus ergibt sich nämlich auch, ob die Auslandsrundfunkanstalt Deutsche Welle an der Erfüllung dieser Funktionen maßgeblich teilnimmt oder ihr Funktionsbereich dem Schwerpunkt nach ein ganz anderer ist.

2. Die Funktionen des inländischen öffentlich-rechtlichen Rundfunks

Ebenso wie die Deutsche Welle bedarf der inländische öffentlich-rechtliche Rundfunk einer Legitimation. Auch er sah und sieht sich immer wieder in Frage gestellt. So ist einerseits die Rede davon, dass der öffentlich-rechtliche Rundfunk ein „Modell von gestern" bzw. „mausetot" und ein „Bremsklotz der Medienwirtschaft" sei,[14] während andererseits ausgeführt wird, er stelle einen unverzichtbaren Faktor der politischen Willensbildung dar.[15] Um sich die grundlegende Funktion des inländischen öffentlich-rechtlichen Rundfunks zu verdeutlichen, muss man sich zunächst vor Augen führen, wie der föderale öffentlich-rechtliche Rundfunk in Deutschland entstanden ist. Er ist in entscheidender Weise durch die von den Briten und US-Amerikanern vorgegebenen Grundbedingungen in ihren Besatzungszonen geprägt, die eine Reaktion auf die negativen Erfahrungen mit dem Staatsrundfunk in der Weimarer Zeit und seinem Missbrauch als Propagandainstrument im Nationalsozialismus bildeten. Die starke föderale Komponente steuerten die US-Amerikaner bei. Vor allem die Briten brachten die öffentlich-rechtliche Natur der Landesrundfunkanstalten in das neue Rundfunksystem ein. Dabei waren sich Briten und Amerikaner einig, einen demokratischen Rundfunk schaffen zu wollen. Er sollte weder dem Staat oder den Parteien noch einzelnen gesellschaftlichen

---

[14] Vgl. beispielhaft die Äußerungen von *Oettinger*, epd medien Nr. 35/36 vom 6. Mai 2000, 15.
[15] Dazu *Dörr*, Unabhängig und gemeinnützig, in: ARD (Hrsg.), 50 Jahre ARD, 2000, 12 ff.

Gruppen, z.B. den Kapitalgebern gehören, sondern der Allgemeinheit. Er sollte nicht privatwirtschaftlich organisiert und finanziert sein, sondern durch Gebühren der Teilnehmer. Er sollte nicht durch Regierungen oder Parteien kontrolliert werden, sondern durch Aufsichtsgremien aus Vertretern der gesellschaftlichen Gruppen.

Staatsferne, Föderalismus und Pluralität zur Gewährleistung umfassender und ausgewogener Information der Bürger bildeten also das Fundament dieses neuen öffentlich-rechtlichen Rundfunks. Dieser sollte nach der festen Überzeugung der Briten und US-Amerikaner ein entscheidender Garant für eine funktionierende Demokratie in Deutschland sein, eine Erwartung, die sich durchaus erfüllt hat.[16] Neben dieser auf die Demokratie bezogenen Funktion sollte der öffentlich-rechtliche Rundfunk aber auch die kulturellen Grundwerte vermitteln, die in einer freiheitlichen Demokratie unabdingbar sind. Dieser zweiten Funktion des öffentlich-rechtlichen Rundfunks, die auch für die Deutsche Welle von besonderer Bedeutung ist, wird häufig zu wenig Beachtung geschenkt.[17]

Unabhängig von diesem zweiten Aspekt bleibt aber festzuhalten, dass die Funktion des öffentlich-rechtlichen Rundfunks eng mit der Demokratie zusammenhängt. Zu den nach Art. 79 Abs. 3 GG unabänderlichen Grundprinzipien des Grundgesetzes gehört die Entscheidung für die Demokratie (Art. 20 Abs. 2 Satz 1 GG). In diesem Zusammenhang muss man sich vor Augen halten, dass die Demokratie die Staatsform der Hochkulturen darstellt.[18] Daher setzt diese Staatsform den informierten, urteilsfähigen und entscheidungsfreudigen Bürger voraus. So baut das Wahlrecht auf Erkenntnis des Wählers auf, der jedenfalls idealtypisch die Entwicklung seines Staates und seiner Gesellschaft beobachtet und versteht, die personellen und programmatischen Handlungsalternativen der politischen Parteien abwägt, kennt und würdigt,

---

[16] Vgl. *Dörr*, Unabhängig und gemeinnützig, 12 f.
[17] Hierzu eingehend unter II.
[18] So zu Recht *Paul Kirchhof*, Der Öffentlichkeitsauftrag des öffentlichen Rundfunks als Befähigung zur Freiheit, in: FAR (Hrsg.), Werte und Wert des öffentlich-rechtlichen Rundfunks in der digitalen Zukunft, FAR-Tagung 2000, 2001, 9 ff.

der seine eigenen Interessen definiert und seine Zugehörigkeit zu einem demokratischen Rechtsstaat verantwortlich wahrnimmt.[19]

Dies setzt Informationen voraus, die den Menschen Beurteilungshilfen, Wertorientierungen und auch Unterhaltung an die Hand geben. Demnach stellen die Meinungs-, Presse- und Rundfunkfreiheit grundrechtliche Gewährleistungen dar, die dem Demokratieprinzip „dienen", also den dort vorausgesetzten ständigen Prozess des Bedenkens, Erwägens, Kritisierens und Erneuerns stützen und pflegen. Allerdings ist damit noch keineswegs gesagt, dass zu dieser Information ein öffentlich-rechtlicher Rundfunk notwendig ist. Grundrechtliche Freiheit meint grundsätzlich Freiheit vom Staat. Diese verfassungsrechtliche Unterscheidung verweist Presse und Rundfunk grundsätzlich in den Bereich der freiheitsberechtigten Gesellschaft, die in Distanz zum Staat das Handeln der Staatsorgane und die gesellschaftliche Entwicklung kritisch begleiten, analysierend bewerten und in Sprache und Bild vermitteln.[20]

Dass im Bereich des Rundfunks dafür ein öffentlich-rechtlicher Rundfunk notwendig ist, kann heute keineswegs mehr mit der technischen Begrenztheit der Rundfunkangebote durch wenige Kanäle gerechtfertigt werden, da die technischen Barrieren weitgehend entfallen sind. Vielmehr ist an diese Stelle ein neuer Rechtfertigungsgrund getreten. Der private Rundfunk weist durch seine Werbefinanzierung strukturelle Defizite auf. Er muss nach massenattraktiven Sendeformen suchen und übernimmt deshalb nicht die Aufgabe, die Bürger umfassend, also über die gesamte Breite und Vielfalt der gesellschaftlichen und kulturellen Vorgänge zu informieren. Nur der umfassend informierte Bürger bleibt aber demokratiefähig. Besonders gefährlich für die Demokratie ist erst recht der fehl informierte Bürger. Daher setzt die Verfassung des demokratischen Rechtsstaats eine grundsätzlich auf Vollständigkeit der Information und Vielfalt der Meinungen angelegte Struktur der Medien voraus. Diese ist im Rundfunkwesen nur dann gewährleistet, wenn neben dem werbeabhängigen privaten Rundfunk ein Gebühren finanzierter, auf eine um-

---

[19] Zutreffend *Kirchhof*, ebd., 9.
[20] So zu Recht *Kirchhof*, ebd., 10.

fassende Information, also die Grundversorgung verpflichteter öffentlich-rechtlicher Rundfunk tritt. Diese Funktion des öffentlich-rechtlichen Rundfunks nimmt nicht etwa an Gewicht ab, sondern gewinnt zunehmend an Bedeutung, je mehr die Medien insgesamt – also auch die Printmedien – in den Sog von Werbewirtschaft und Kapitalgebern geraten.

Demnach ist der öffentlich-rechtliche Rundfunk mehr und mehr Garant für die Erfüllung der Aufgabe, umfassende und ausgewogene Informationen im Interesse einer funktionierenden Demokratie zu gewährleisten. Er hat im dualen Rundfunksystem die Aufgabe der unerlässlichen Grundversorgung zu erfüllen. Mit dem Begriff der Grundversorgung werden Aufgaben und Befugnisse des öffentlich-rechtlichen Rundfunks beschrieben, die dieser zu leisten hat, nämlich „gründliche" Information in einem umfassenden Sinne und ein grundlegendes Angebot aller Typen von Rundfunksendungen, die technisch für alle erreichbar sein müssen.[21] Über den Begriff der Grundversorgung hinaus hat das Bundesverfassungsgericht stets versucht, die Aufgabe von der funktionellen Seite her zu konkretisieren. In diesem Zusammenhang hat es immer wieder den Begriff der „essenziellen Funktionen", der „spezifischen Funktionen" und der „Grundfunktionen" ins Spiel gebracht[22], aber auch den Grundversorgungsbegriff wiederholt eng mit dem „klassischen Rundfunkauftrag" verknüpft.[23] In Anknüpfung an Bullinger[24] verwendet das Bundesverfassungsgericht den Begriff der essenziellen Funktionen, um den Beitrag des Rundfunks im demokratischen Willensbildungsprozess sowie für das kultu-

---

[21] Vgl. dazu *Dörr*, Unabhängig und gemeinnützig, 16 f.; eingehend dazu *Bethge*, Der Grundversorgungsauftrag des öffentlich-rechtlichen Rundfunks in der dualen Rundfunkordnung, MP 1996, 66 ff.; *ders.*, Die verfassungsrechtliche Position des öffentlich-rechtlichen Rundfunks in der dualen Rundfunkordnung, 44 ff.; *Fromm*, Öffentlich-rechtlicher Programmauftrag und Rundfunkföderalismus, 1998, 51 ff.; zum Begriff der Grundversorgung vgl. auch *Niepalla*, Die Grundversorgung durch die öffentlich-rechtlichen Rundfunkanstalten, 1990; *Libertus*, Grundversorgungsauftrag und Funktionsgarantie, 1998; grundlegend *Klein*, Die Rundfunkfreiheit, 1978, 58 ff.

[22] Vgl. etwa *BVerfGE* 73, 118, 157 f.: „essenzielle Funktionen"; *BVerfGE* 73, 118, 163: „Grundfunktion"; *BVerfGE* 74, 297, 342: „spezifische Funktionen".

[23] Vgl. etwa *BVerfGE* 74, 297, 325; 83, 238, 297; 87, 181, 199.

[24] Vgl. *Bullinger*, AfP 1985, 257, 258 f.

relle Leben zu konkretisieren.[25] Der öffentlich-rechtliche Rundfunk soll also nach dieser Vorstellung durch seine Programme seiner Rolle als Medium und Faktor im demokratischen Meinungsbildungsprozess gerecht werden, andererseits aber auch als Kulturgarant die regionale und kulturelle Identität der Bevölkerung in Zeiten zunehmender Individualisierung wahren helfen. Die Gewährleistung dieser essenziellen Funktionen durch den öffentlich-rechtlichen Rundfunk ist nicht auf die Grundversorgung begrenzt, sondern erstreckt sich daneben auch auf den Bereich jenseits der Grundversorgung. Anders gewendet bedeutet dies, dass zwar Grundversorgungsprogramme die essenziellen Funktionen des Rundfunks erfüllen, die Erfüllung der essenziellen Funktionen aber nicht notwendig auf Grundversorgungsprogramme beschränkt ist.[26] Besonders bemerkenswert ist zudem, wie stark das Bundesverfassungsgericht auch beim inländischen öffentlich-rechtlichen Rundfunk neben der auf die Demokratie bezogenen Informationsaufgabe den kulturellen Auftrag betont. Noch deutlicher wird dieser kulturelle Aspekt im Zusammenhang mit dem klassischen Rundfunkauftrag. Gerade dieser Begriff betrifft bei richtiger Interpretation nicht so sehr den Bereich, in dem der inländische öffentlich-rechtliche Rundfunk programmlich tätig werden soll. Es geht dabei vielmehr um die Art der Darstellung und um die enge Verbindung mit der kulturellen Bedeutung des Rundfunks. Der öffentlich-rechtliche Rundfunk hat seine Berichterstattung klassisch, d.h. nach den überkommenen kulturellen Werten auszurichten, wie sie im Grundgesetz zum Ausdruck kommen und damit einen Integrationsrundfunk für alle zu gewährleisten.

Im klassischen Rundfunkauftrag kommt also ein besonderer Kulturauftrag des Rundfunks zum Ausdruck. Dieser steht keineswegs beziehungslos neben dem Informationsauftrag, da der moderne, zu Freiheit und Demokratie fähige Mensch nicht nur informiert und wissend sein muss, sondern auch die Gemeinschaftsanliegen mitgestalten und mitverantworten muss. Dazu ist die Entfaltung und ständige Erneuerung des diesbezüglichen Wertmaßstabes

---

[25] Vgl. *BVerfGE* 73, 118, 157 f.; 90, 60, 90.

[26] Vgl. zu den essenziellen Funktionen *Dörr*, Sport im Fernsehen, Die Funktionen des öffentlich-rechtlichen Rundfunks bei der Sportberichterstattung, 2000, 21 f.; *Fromm*, 50 ff.

notwendig. Ein Bürger kann Demokratie und eine freiheitliche Gesellschaft nur mitprägen, wenn er ihre Grundwerte erlebt und versteht, die die von den Prinzipien der Menschenwürde und der daraus folgenden Freiheit und Gleichheit geprägte Rechtsgemeinschaft zusammenhält. Die Vermittlung und das Verständnis dieser kulturellen Grundwerte werden in jeder Gesellschaft umso unverzichtbarer, je offener sie für andere ist. Eine demokratische und freiheitliche Rechtsgemeinschaft muss sich der unverzichtbaren und unverrückbaren Werte ihrer eigenen Rechtskultur sicher sein. Nur auf dieser Grundlage kann und darf sie sich anderen Kulturen öffnen. Der freiheitliche und demokratische Verfassungsstaat ist also kein neutraler Zuschauer, wenn verschiedene Werte und Kulturen in einen Wettbewerb treten. Vielmehr ist das Grundgesetz eine wehrhafte Verfassung, die bestimmte Grundwerte für unverbrüchlich und unabänderlich erklärt und für diese Kernprinzipien entschieden streitet. So bauen unsere Verfassung und unsere Kultur auf dem Prinzip der Menschenwürde auf, das auch den politischen Gegner als Menschen respektiert. Sie beruht auf der Gleichberechtigung von Mann und Frau, dem Gedanken der Toleranz, dem Prinzip der Religionsfreiheit und dem Grundsatz des privatnützigen Eigentums. Solche Prinzipien stehen nicht zur Disposition, mögen auch andere Kulturen den Gegner als politischen Schädling ansehen, der vernichtet werden darf, die Gleichberechtigung von Mann und Frau leugnen, die stetige Huldigung für den Staatsführer verlangen oder auf einer Staatsreligion aufbauen.[27]

Diese kulturellen Werte müssen den Bürgern ständig vermittelt werden, da eine freiheitliche und demokratische Gesellschaft darauf beruht, dass ihre Bürger diese Werte erleben und bejahen. Die Fähigkeit zur Freiheit ist also nicht selbstverständlich, sondern bedarf der kulturellen Stütze und Entfaltung. Dazu genügen nicht allein die Information und die umfassende Darstellung der Tatsachen. Vielmehr müssen die Grundwerte, die einem freiheitlichen Staat zugrunde liegen, vermittelt werden. Dabei kommt dem Rundfunk eine entscheidende Rolle zu. Diese Grundwerte sind in die deutsche Kulturgeschichte und in die Verfassungsgeschichte eingebettet. Die im Grundgesetz verankerten Kerngedanken des Rechts müssen im Bewusstsein der Menschen

---

[27] Vgl. zum Vorstehenden die überzeugenden Ausführungen bei *Kirchhof*, 14 f.

verankert bleiben. Gerade die öffentlich-rechtlichen Medien sind gehalten, dieses immer wieder bewusst zu machen und die entsprechenden Werte einschließlich ihres kulturgeschichtlichen Hintergrunds zu vermitteln.[28]

3. Die Entscheidung für die internationale Zusammenarbeit und die Funktion der Deutschen Welle

Gerade der kulturelle Auftrag des inländischen öffentlich-rechtlichen Rundfunks hat auch für die Auslandsrundfunkanstalt Deutsche Welle entscheidende Bedeutung. Zunächst ist aber zu klären, worin die spezifische Funktion der Deutschen Welle im Verfassungsgefüge des Grundgesetzes liegt. Dabei spielt der auf die Demokratie ausgerichtete Informationsauftrag auch eine wichtige Rolle, er erhält jedoch eine andere Richtung als dies im Fall des öffentlich-rechtlichen Rundfunks im innerstaatlichen Bereich der Fall ist. Zwar haben auch die Programme der Deutschen Welle zwangsläufig gewisse Auswirkungen auf die innerstaatliche Meinungsbildung, weil sie sich auch an diejenigen Deutschen richten, die sich als Touristen im Ausland aufhalten oder dort dauerhaft leben. Dies macht aber nicht den spezifischen Auftrag der Deutschen Welle aus, sondern folgt lediglich daraus, dass überhaupt Auslandsrundfunk stattfindet. Damit ist also keineswegs gesagt, warum ein besonderer Auslandsrundfunk notwendig ist. Die Gründe dafür sind andere. Das Grundgesetz bringt an verschiedener Stelle zwei weitere Verfassungsaufträge zum Ausdruck, an denen die Deutsche Welle maßgeblich mitwirkt. Es handelt sich dabei um den Verfassungsauftrag der internationalen Zusammenarbeit[29] und den der europäischen Integration[30]. Die herausragende Bedeutung dieser Aufträge der internationalen Zusammenarbeit und der europäischen Integration kommt im Grundgesetz an verschiedenen Stellen zum Ausdruck. Aus einer Gesamtschau der diesbezüglichen Normen ergeben sich der fundamentale Gehalt sowie die wachsende Bedeutung dieser Aufgaben mit Verfassungsrang.

---

[28] Eingehend dazu *Kirchhof*, 15 f.
[29] Grundlegend dazu *Vogel*, Die Verfassungsentscheidung des Grundgesetzes für die internationale Zusammenarbeit, 1964.
[30] Vgl. dazu *Scholz*, in: Maunz/Dürig, Grundgesetz, Art. 23, Rdnr. 36; *Möstl*, Die staatliche Garantie für die öffentliche Sicherheit und Ordnung, 2002, 649 f.

Das Prinzip der Völkerrechtsfreundlichkeit des Grundgesetzes[31], das insbesondere in Art. 25 GG seinen Niederschlag findet, und die Entscheidung für eine internationale Zusammenarbeit[32], die in Art. 24 GG konkretisiert wird, verdeutlicht bereits die Präambel des Grundgesetzes. Die Präambel ist kein unverbindliches Beiwerk der Verfassung, vielmehr hat sie durchaus rechtliche Bedeutung und damit auch Bindungswirkung.[33] Dort ist im Satz 1 vom Bewusstsein des deutschen Volkes die Rede, als gleichberechtigtes Glied in einem vereinten Europa dem Frieden der Welt zu dienen. Bereits an dieser Stelle wird deutlich, dass die internationale Zusammenarbeit eine verbindliche verfassungsrechtliche Vorgabe darstellt, die auf bestimmten materiellen Werten beruhen und auf das Ziel des Friedens ausgerichtet sein muss. In Art 1 Abs. 2 GG wird ebenfalls die internationale Ausrichtung des Grundgesetzes deutlich. Dort ist das Bekenntnis zu den unverletzlichen und unveräußerlichen Menschenrechten als Grundlage jeder menschlichen Gemeinschaft, des Friedens und der Gerechtigkeit in der Welt formuliert. Bemerkenswert ist auch an dieser Stelle, dass nach der Vorstellung unserer Verfassung die internationale Zusammenarbeit auf bestimmten Grundwerten, nämlich den unveräußerlichen und unverletzlichen Menschenrechten, dem Frieden und der Gerechtigkeit, beruht. In Art. 24 GG kommt erneut die internationale Ausrichtung des Grundgesetzes zum Ausdruck. Diese Bestimmung lässt zwar entgegen ihrem Wortlaut nicht die eigentliche Übertragung von Hoheitsrechten auf zwischenstaatliche Einrichtungen zu, öffnet aber die nationale Rechtsordnung derart, dass der ausschließliche Herrschaftsanspruch der Bundesrepublik Deutschland im Geltungsbereich des Grundgesetzes zurückgenommen und der unmittelbaren Geltung und Anwendbarkeit eines Rechts aus anderer Quelle innerhalb des staatlichen Herrschaftsbereichs Raum gelassen wird.[34] Auch in

---

[31] *BVerfGE* 6, 309, 362; 18, 112, 121, spricht von einer *völkerrechtsfreundlichen Grundhaltung*.

[32] Vgl. dazu auch *Bernhardt*, Bundesverfassungsgericht und völkerrechtliche Verträge, in: Bundesverfassungsgericht und Grundgesetz, Festgabe zum 25jährigen Bestehen des Bundesverfassungsgerichts, Band 2, 1976, 154 ff., 159 f.; *Ress*, Wechselwirkungen zwischen Völkerrecht und Verfassung bei der Auslegung völkerrechtlicher Verträge, in: Berichte der Deutschen Gesellschaft für Völkerrecht, Heft 23, 7 ff., 16 f. und 46 ff.

[33] *BVerfGE* 5, 85, 127; 12, 45, 51.

[34] So zu Recht *BVerfGE* 37, 271, 279 f.

dieser Bestimmung weist Absatz 2 unmissverständlich auf den Zusammenhang zwischen der Wahrung des Friedens und der internationalen Zusammenarbeit hin. Schließlich erhellt auch Art. 25 GG die Völkerrechtsfreundlichkeit des Grundgesetzes, indem er die allgemeinen Regeln des Völkerrechts zum Bestandteil des Bundesrechts macht und sie jedenfalls mit Vorrang gegenüber einfachen Bundesgesetzen ausstattet. Die Ausrichtung der internationalen Zusammenarbeit auf die Friedenssicherung kommt besonders anschaulich in Art. 26 Abs. 1 GG zum Ausdruck, der Handlungen, die geeignet sind und in der Absicht vorgenommen werden, das friedliche Zusammenleben der Völker zu stören, insbesondere die Führung eines Angriffskrieges vorzubereiten, als verfassungswidrig erklärt und die Bundesrepublik Deutschland verpflichtet, solche Handlungen unter Strafe zu stellen.

Demnach kann festgehalten werden, dass sich aus einer Gesamtschau der Präambel des Grundgesetzes und der Art. 1 Abs. 2, 24, 25 und 26 GG der Verfassungsauftrag für eine internationale Zusammenarbeit ergibt. Diese internationale Zusammenarbeit muss nach den Vorgaben der Verfassung auf bestimmten Grundwerten, nämlich den unverletzlichen und unveräußerlichen Menschenrechten beruhen und dem Ziel der Wahrung des Friedens in der Welt verpflichtet sein.

4. Der Verfassungsauftrag zur europäischen Integration und die Funktion der Deutschen Welle

Noch deutlicher formuliert das Grundgesetz den Verfassungsauftrag zur europäischen Integration. Dieser stellt systematisch einen Spezialfall des Verfassungsauftrages zur internationalen Zusammenarbeit dar und ist im Grundgesetz daher auch mit konkreteren Vorgaben für die Verwirklichung einer Europäischen Union verankert. Auch insoweit ist bereits die Präambel zu erwähnen, in der der Wille des deutschen Volkes zum Ausdruck kommt, als gleichberechtigtes Glied in einem vereinten Europa dem Frieden der Welt zu dienen. Die zentrale Vorschrift für die europäische Einigung bildet aber Art. 23 Abs. 1 GG. Dieser enthält keineswegs nur eine Ermächtigung, bestimmte Hoheitsrechte auf die Europäische Union, bzw. die innerhalb der Union bestehenden Gemeinschaften zu „übertragen" (Art. 23 Abs. 1 Satz 2 GG). Vielmehr formuliert Art. 23 Abs. 1 Satz 1 GG auch ein positives Staatsziel[35] der europäischen Integration. Wie die internationale Zusammenarbeit ist auch die europäische Integration auf bestimmte unveräußerliche Grundwerte ausgerichtet. Diese kommen in der so genannten Struktursicherungsklausel des Art. 23 Abs. 1 Satz 1 GG[36] zum Ausdruck, die vor allem verlangt, dass die Europäische Union rechtsstaatlichen und demokratischen Grundsätzen verpflichtet ist und einen dem Grundgesetz im Wesentlichen vergleichbaren Grundrechtsschutz gewährleistet. Auch die europäische Zusammenarbeit soll demnach die dem Grundgesetz zugrunde liegende materielle Vorstellung von Gerechtigkeit verwirklichen helfen, was Art. 23 Abs. 1 Satz 1 GG mit dem Bekenntnis zum Rechtsstaat und zu den Grundrechten verdeutlicht. Gleichzeitig ist die europäische Einigung auch Teil des allgemeinen Friedensziels des Grundgesetzes, wie es in Bezug auf Europa und den Frieden in der Welt in der Präambel zum Ausdruck kommt.

Bei der europäischen Integration und der internationalen Zusammenarbeit handelt es sich nicht nur um allgemeine Staatsaufgaben im Sinne legitimer staatlicher Betätigungsfelder[37]. Vielmehr stellen die internationale Zusammenarbeit und die europäische Integration echte Staatsziele dar, die alle staatliche Gewalt verpflichten. Darunter ist zu verstehen, dass das Grundgesetz diesen Aufgaben einen ganz spezifischen und in diesen Grenzen auch justiziablen Grad rechtlicher Verpflichtung, wenn auch nur den einer bindenden Direktive, zuweist. In diesem Sinne sind die internationale Zusammenarbeit und die europäische Integration der Bundesrepublik Deutschland als Staatsziele bindend vorgegeben. Zuzugeben ist hierbei allerdings, dass der Politik im Rahmen dieser verbindlichen Direktiven ein beachtlicher Gestaltungsspiel-

---

[35] So zu Recht *Scholz*, in: Maunz/Dürig, Grundgesetz, Art. 23 Rdnr. 36.
[36] Vgl. dazu etwa *Scholz*, in: Maunz/Dürig, Grundgesetz, Art. 23 Rdnr. 47 ff.; *Pernice*, in: Dreier (Hrsg.), Grundgesetz, Art. 23 Rdnr. 54 ff.; *Möstl*, Die staatliche Garantie für die öffentliche Sicherheit und Ordnung, 2002, 644 ff.
[37] Vgl. zu diesem Begriffsinhalt *Möstl*, ebd, 42 ff.

raum bleibt. So besitzt insbesondere die Exekutive bei der Außenpolitik einen weiten politischen Handlungsspielraum.

5. Konsequenzen für die Deutsche Welle

Der öffentlich-rechtliche Auslandsrundfunk steht in untrennbarem Zusammenhang mit den beiden Staatsaufgaben der internationalen Zusammenarbeit und der europäischen Integration, die das Grundgesetz als Ziele verbindlich vorgibt. Die internationale Zusammenarbeit und die europäische Integration zur Verwirklichung eines vereinten Europas, das demokratischen, rechtsstaatlichen, sozialen und föderativen Grundsätzen verpflichtet ist und einen dem Grundgesetz im Wesentlichen vergleichbaren Grundrechtsschutz gewährleistet, setzen Informationen der Bürger anderer Staaten über die Bundesrepublik Deutschland zwingend voraus. Internationale Zusammenarbeit beruht auf Vertrauen und baut auf der Kenntnis der Bürger des Partnerstaates über das Leben und die Gesellschaft in der Bundesrepublik Deutschland auf. Die Bürger und die Entscheidungsträger der Partnerstaaten müssen sich ein Bild über die deutsche Gesellschaft und die ihr zugrunde liegenden Werte machen können, damit eine dem Frieden dienende internationale Zusammenarbeit gelingt. Frieden beruht in erster Linie auf dem Verstehen des Anderen und der anderen Gesellschaft. Verstehen setzt seinerseits umfassende, wahrheitsgemäße Informationen voraus.

Diese umfassende, wahrheitsgemäße Information war und ist auch heute noch zum einen für den europäischen Integrationsprozess entscheidend. Dies liegt daran, dass bei der Mitwirkung an der Europäischen Union eine besonders enge Form internationaler Zusammenarbeit, eine supranationale Kooperation, vorliegt. Angesichts des Ausmaßes, das diese Kooperation bereits erreicht hat, sind umfassende Informationen der Bürger in den Mitgliedstaaten der Europäischen Union über die gesamte Bandbreite des gesellschaftlichen Lebens in Deutschland unverzichtbar, wenn der Einigungsprozess erfolgreich fortgeführt und weiterentwickelt werden soll. Diesen Aspekt bringt auch der EG-Vertrag zum Ausdruck, etwa in Art. 151 EG, der die kulturelle Vielfalt und damit auch den Austausch der unterschiedlichen Kulturen innerhalb der Europäischen Union bewahren und fördern möchte.

Zum anderen ist die wahrheitsgemäße Information über Deutschland auch für das Ziel der internationalen Zusammenarbeit von entscheidender Bedeutung. Im Zeitalter moderner Massenkommunikation ist der Rundfunk in seiner gesamten Breite, also Hörfunk, Fernsehen und Online-Angebote für diese Informationsaufgabe, die anders als beim inländischen Rundfunk begründet ist,[38] unverzichtbar. Wie beim inländischen öffentlich-rechtlichen Rundfunk geht es auch insoweit um Vollständigkeit der Information und Vielfalt der Meinungen, die durch einen entsprechenden Auftrag und eine diesem Auftrag entsprechende Struktur des Auslandsrundfunks sichergestellt werden muss. Über Deutschland völlig uninformierte oder fehlinformierte Bürger und Entscheidungsträger anderer Staaten sind zu einer auf echten Frieden und Gerechtigkeit ausgerichteten Zusammenarbeit mit Deutschland ebenso wenig in der Lage, wie über Deutschland uninformierte oder fehlinformierte Bürger aus anderen EU-Mitgliedstaaten im Hinblick auf die europäische Einigung. Es geht also bei der für die internationale Zusammenarbeit und die europäische Integration unabdingbaren elektronischen Information über Deutschland darum, richtige und vollständige Information in möglichst optimaler Weise zu gewährleisten, damit diese eine Basis zwischenstaatlicher Kooperation bilden können.

Dabei geht es auch um eine klare Unterscheidung zwischen Wirtschaftsbetrieb und Kulturbetrieb. Rundfunk als Wirtschaftsbetrieb sucht „um jeden Preis" die Aufmerksamkeit der großen Zahl und bevorzugt deshalb emotionsanreizende und emotionsgebundene Sendungen. Der Kulturbetrieb mit seinem im Grundgesetz verankerten Kulturauftrag spart derartige Sendungen nicht aus, bettet sie aber in einem gewichteten Gesamtprogramm ein, in dem die Kategorien wahr oder unwahr, menschlich oder inhuman, egoistisch oder Gemeinwohl dienlich, maßvoll oder unmäßig sowie gleich oder privilegiert die entscheidende Rolle spielen. Daraus wird deutlich, dass man bei der Information über die Bundesrepublik Deutschland im Ausland mittels des Rundfunks jedenfalls nicht auf private Angebote setzen darf. Diese sind keinesfalls in der Lage, die notwendige umfassende und richtige Information,

---

[38] Hierzu unter II. 3. und II. 4.

also das zutreffende Bild von Deutschland zu vermitteln.[39] Der auf das Ausland konzentrierte Programmauftrag der Deutschen Welle kann auch nicht über die Verbreitung von Programmen der ARD-Landesrundfunkanstalten oder des ZDF übernommen werden. Dies liegt nicht nur daran, dass die Programme in deutscher Sprache nur diejenigen erreichen würden, die der deutschen Sprache mächtig sind, so dass ein großer Teil der Zuschauer und Zuhörer der Deutschen Welle wegfallen würde. Diese sprachliche Hürde könnte noch durch die Synchronisation der Sendungen oder sogar durch die Anwendung des Voice-Over-Verfahrens beseitigt werden. Viel entscheidender ist aber, dass die Sendungen der Deutschen Welle im Hinblick auf die unterschiedlichen Vorkenntnisse und den jeweiligen kulturellen Hintergrund der Zuschauer und Zuhörer so gestaltet werden, dass das Publikum im Ausland die Sendungen verstehen und sich mit ihnen auseinandersetzen kann. Die Redaktionen der Deutschen Welle achten dabei darauf, die jeweils richtige „Ansprache" für ihr Zielpublikum zu finden. Insofern kann der an das Ausland gerichtete spezifische Kulturauftrag der Deutschen Welle nicht durch die bloße internationale Verbreitung der Programme der ARD-Landesrundfunkanstalten oder des ZDF ersetzt werden.

Umfassende und ausgewogene Information kann zudem beim Auslandsrundfunk wie beim inländischen Rundfunk nur gelingen, wenn die Auslandsrundfunkanstalt organisatorisch und institutionell vom Staat getrennt ist. Dies liegt darin begründet, dass Gegenstand der Berichterstattung auch im Auslandsrundfunk die staatlichen Entscheidungsträger sind. Werden Rundfunkfunkanstalt und Staat organisatorisch und institutionell miteinander verbunden, besteht stets die Gefahr, dass die Berichterstattung nicht mehr unbefangen und objektiv ist. Diese Notwendigkeit, den Auslandsrundfunk durch eine staatsferne und pluralistisch zusammengesetzte Anstalt zu betreiben, ergibt sich darüber hinaus aus den Werten, auf die die internationale Zusammenarbeit und die europäische Integration ausgerichtet sind.

---

[39] Vgl. zu diesen Aspekten die eindrucksvollen Ausführungen bei *Kirchhof*, 9 f., die sich allerdings auf den inländischen Rundfunk beziehen.

Die internationale Zusammenarbeit und die europäische Integration sind auf unverbrüchliche Werte gegründet, die das Grundgesetz – wie bereits erwähnt – in Art. 79 Abs. 3 GG auch innerstaatlich für unabänderlich und unverzichtbar hält. Diese Werte stehen mit dem Friedensziel des Grundgesetzes, dem eine materielle Vorstellung von Gerechtigkeit zugrunde liegt, in untrennbarem Zusammenhang. Es geht dabei einmal um die nach den Vorstellungen des Grundgesetzes in der Menschenwürde wurzelnden Menschenrechte, auf die sowohl die europäische Einigung als auch die internationale Zusammenarbeit ausgerichtet sind. Dahinter verbirgt sich die bereits von Kant[40] formulierte Erkenntnis, dass sich Frieden, nicht lediglich verstanden als Abwesenheit von Gewalt, dauerhaft im Sinne eines positiven Friedens nur verwirklichen lässt, wenn auch im Innern der Staaten Gerechtigkeit herrscht, also die Idee des Rechtsstaats und der Gedanke der Menschenrechte durchgesetzt worden sind. Einmal folgt daraus, dass die Bundesrepublik Deutschland, wenn sie bei der internationalen Zusammenarbeit zum Eintreten für die Menschenrechte und damit für das Prinzip der Freiheit verpflichtet wird, auch bei der Ausgestaltung des Auslandsrundfunks dieses Prinzip der Freiheit, zu dem gerade beim Rundfunk der Grundsatz der Staatsferne gehört, beachten muss. Zum Anderen, und dies ist noch bedeutsamer, muss festgehalten werden, dass der Auslandsrundfunk diese Grundwerte, also den Frieden, das Prinzip der Menschenwürde, den Grundsatz der Toleranz, die Gleichberechtigung von Frau und Mann, die Religionsfreiheit und das Prinzip der Herrschaft auf Zeit, um nur einige Beispiele zu nennen, positiv nach Außen vermitteln muss. Damit kommt dem Auslandsrundfunk aber nicht nur die Funktion zu, in einem eng verstandenen Sinn über Deutschland zu informieren. Vielmehr hat er die Aufgabe, diese Werte, die zu unserer Kulturgemeinschaft gehören, positiv nach Außen zu tragen. In diesem Sinne kann man von einem umfassenden, auf den internationalen Frieden und damit auch auf die Menschenrechte orientierten Kulturauftrag des Auslandsrundfunks sprechen.

---

[40] Vgl. dazu das abschreckende Bild des „Friedhofsfriedens" bei *Kant*, Zum ewigen Frieden. Ein philosophischer Entwurf, in: *Weischedel* (Hrsg.), Kant Werke, 1983, 195 sowie die Ausführungen Kants zur Notwendigkeit republikanischer Verfassungen innerhalb der Staaten als Basis weltweiten Friedens, *Kant*, ebd., 204 ff.

Zusammenfassend lässt sich festhalten, dass ein öffentlich-rechtlicher Auslandsrundfunk unverzichtbar ist, um die der Bundesrepublik Deutschland vorgegebene internationale Zusammenarbeit sowie die europäische Integration zu fördern und zu verwirklichen. Dabei kommt dem Auslandsrundfunk die Funktion zu, über Deutschland umfassend, ausgewogen und dem Prinzip der Wahrhaftigkeit verpflichtet zu informieren. Im Interesse der Verwirklichung von Frieden und Gerechtigkeit ist der Auslandsrundfunk gehalten, für die Grundwerte, die unsere Kultur prägen, aktiv einzutreten. Dies gehört zu seinen vornehmsten und wichtigsten Aufgaben. In einer mehr und mehr zusammenwachsenden Welt werden die Funktionen des Auslandsrundfunks und damit die Einrichtung Deutsche Welle im Interesse der Bundesrepublik Deutschland immer wichtiger. Der Zusammenhang zwischen einer auf Frieden und Gerechtigkeit ausgerichteten internationalen Zusammenarbeit sowie der europäischen Integration und einer funktionstüchtigen Deutschen Welle als öffentlich-rechtlicher Auslandsrundfunkanstalt scheint bisher – um es vorsichtig zu formulieren – nicht in voller Breite erkannt worden zu sein.

III. Die Vorgaben der Rundfunkfreiheit

1. Die Rechtsprechung des Bundesverfassungsgerichts

Bei der künftigen Ausgestaltung der Regelungen, die den Aufgabenbereich, den Programmauftrag und die Finanzausstattung der Deutschen Welle betreffen, sind insbesondere die Vorgaben der Rundfunkfreiheit des Art. 5 Abs. 1 Satz 2 GG zu beachten. Bereits aus der Funktion der Deutschen Welle, den Wert der Freiheitlichkeit zu vermitteln, ergibt sich, dass ihre Organisation dem Grundrecht der Rundfunkfreiheit entsprechen muss. Dies wird durch die nachfolgenden Überlegungen bestätigt. Das Bundesverfassungsgericht hat als authentischer Interpret des Grundgesetzes aus der knappen Bestimmung des Art. 5 Abs. 1 Satz 2 GG differenzierte und weitgehende Anforderungen an die Rundfunkordnung in der Bundesrepublik Deutschland entwickelt. Es ist hier nicht der Ort, eine grundsätzliche Auseinandersetzung über die Auslegung der Rundfunkfreiheit des Art. 5 Abs. 1 Satz 2 GG zu führen. Man muss allerdings in der gebotenen Kürze darauf eingehen, wie das Bundesverfassungsgericht die Rundfunkfreiheit versteht und für die Staatsgewalten verbindlich auslegt. Dies hat durchaus erhebliche Auswirkungen auf die Frage, wie der Gesetzgeber die Aufgaben, den Programmauftrag und die Finanzierung der Deutschen Welle im geänderten DWG regeln sollte. Dabei ist insbesondere darauf zu achten, dass der Gestaltungsspielraum des Gesetzgebers durch die Vorgaben der Verfassung begrenzt ist.

2. Die Rundfunkfreiheit als dienende Freiheit

Bei der Auslegung der Rundfunkfreiheit gilt es, Besonderheiten zu beachten. Das Bundesverfassungsgericht geht in ständiger Rechtsprechung davon aus, dass die Rundfunkfreiheit als „dienende Freiheit" zu verstehen sei.[41] Dem liegt die Überlegung zugrunde, dass die Grundrechte normalerweise Freiheiten enthalten, die der Selbstverwirklichung des Individuums dienen, also subjektiv-rechtliche, individuellen Eigeninteressen dienende Handlungsrechte sind. Daneben gibt es aber nach dieser Vorstellung auch Verbürgungen von Befugnissen, die im Interesse Dritter gegen den Zwang und die Intervention des Staates abgeschirmt sind. Bei diesen Grundrechten spricht man von dienenden oder drittnützigen Freiheitsrechten. Der Sinn der Freiheit kann demnach auch darin liegen, einem Rechtssubjekt, also der Rundfunkanstalt, Handlungs-, Gestaltungs- und Entscheidungsautonomie zuzuerkennen, weil entweder ein öffentliches Interesse an einem aus autonomer Gestaltung, Handlung und Entscheidung hervorgegangenen geistigen oder gegenständlichen Produkt besteht[42] oder weil die Abschirmung von Handlungsbefugnissen der Gewährleistung des Rechts- und Freiheitsstatus Dritter dient. Diese letztgenannte Kategorie von drittnützigen Freiheitsrechten, zu der klassischer Weise die Rundfunkfreiheit zu zählen ist, kann am sinnfälligsten als dienende Freiheitsgewährleistung gekennzeichnet werden.[43]

---

[41] Vgl. *BVerfGE* 87, 181, 197; 83, 238, 295; 57, 295, 319.

[42] So verhält es sich etwa bei der verfassungsrechtlichen Gewährleistung der Freiheit von Forschung und Lehre zugunsten der Universitätsprofessoren, andeutungsweise in diesem Sinn *BVerfGE* 47, 327, 379.

[43] Vgl. *Niepalla*, Die Grundversorgung durch die öffentlich-rechtlichen Rundfunkanstalten, 1990, 6 ff.; *Stock*, Medienfreiheit als Funktionsgrundrecht, 1985, 325 ff.

Die Rundfunkfreiheit dient nach dieser Vorstellung der freien, individuellen und öffentlichen Meinungsbildung und ist demnach auch eine Grundvoraussetzung für eine funktionsfähige Demokratie. Das Bundesverfassungsgericht geht wegen dieses dienenden Charakters davon aus, dass sich der Schutz des Art. 5 Abs. 1 Satz 2 GG nicht in der Abwehr staatlicher Einflussnahmen erschöpfe. Vielmehr gebietet die Rundfunkfreiheit auch die Schaffung einer positiven Ordnung, die die Meinungsvielfalt gewährleistet und sicherstellt, dass der Rundfunk einzelnen gesellschaftlichen Gruppen oder gar einer einzigen gesellschaftlichen Gruppe ebenso wenig wie dem Staat ausgeliefert wird. Auf der einen Seite soll die Rundfunkveranstaltung also durch öffentlich-rechtliche Anstalten autonom, d.h. staatsfern erfolgen. Auf der anderen Seite ist der Staat gehalten, durch die Schaffung einer positiven Ordnung, also durch Rechtsnormen, gerade diese Staatsfreiheit sicherzustellen. Damit ist das gesamte Spannungsverhältnis im Zusammenhang mit dem Grundsatz der Staatsferne bereits vorgegeben.

3. Rundfunkanstalten als Träger der Rundfunkfreiheit

Schließlich wird dieses Verständnis der Rundfunkfreiheit noch damit verknüpft, dass die öffentlich-rechtlichen Rundfunkanstalten nach ständiger Rechtsprechung des Bundesverfassungsgerichts nicht nur Träger des Grundrechts der Rundfunkfreiheit sind, sondern sich trotz ihres Status als juristische Personen des öffentlichen Rechts mit der Verfassungsbeschwerde gegen Eingriffe in die Rundfunkfreiheit verteidigen können.[44] Zwar können juristische Personen des öffentlichen Rechts in der Regel keine Träger von Grundrechten sein und Grundrechtsverletzungen nicht mit der Verfassungsbeschwerde geltend machen. Doch sind die öffentlich-rechtlichen Rundfunkanstalten typische Ausnahmen von diesem Grundsatz, ebenso wie die Universitäten und Kirchen. Dies liegt darin begründet, dass die öffentlich-rechtlichen Rundfunkanstalten unmittelbar dem durch das Grundrecht der Rundfunkfreiheit geschützten Lebensbereich zuzuordnen sind. Sie sind geschaffen worden, um in staatsunabhängiger Weise das Grundrecht der Rundfunkfreiheit sozusagen

---

[44] Vgl. etwa *BVerfGE* 31, 314, 322; 59, 231, 254; 74, 297, 317 f.; 77, 65, 72.

treuhänderisch wahrzunehmen und die Verwirklichung dieses Grundrechts zu ermöglichen. Für den Bereich, der von der Rundfunkfreiheit geschützt wird, sind die Rundfunkanstalten daher als grundrechtsfähig anzuerkennen und berechtigt, das Grundrecht der Rundfunkfreiheit mit der Verfassungsbeschwerde geltend zu machen. Dabei geht das Bundesverfassungsgericht zu Recht davon aus, dass diese Grundrechtsfähigkeit nur partiell, also für das Grundrecht besteht, das den öffentlich-rechtlichen Rundfunkanstalten ausdrücklich zugeordnet ist. Daher können sich die Rundfunkanstalten nur auf Art. 5 Abs. 1 Satz 2 GG und nicht etwa auf andere Grundrechte wie Art. 9 Abs. 3 GG oder Art. 2 Abs. 1 GG berufen.[45]

4. Der Grundsatz der Staatsferne

Die oben beschriebene Ausrichtung der Rundfunkfreiheit, die auch und vor allem die freie individuelle und öffentliche Meinungsbildung im Interesse der Informationsfreiheit und der Demokratie gewährleisten soll, setzt zunächst voraus, dass der Rundfunk frei von staatlicher Beeinflussung zu sein hat. Daher folgt aus der Rundfunkfreiheit vor allem die Staatsfreiheit des Rundfunks, die allerdings besser mit dem Begriff Staatsferne bezeichnet werden sollte.[46] So hat auch das Bundesverfassungsgericht ausgeführt, dass die Rundfunkfreiheit für die öffentlich-rechtlichen Veranstalter in erster Linie Staatsfreiheit bedeute.[47] Das Gebot der Staatsfreiheit bzw. Staatsferne hat zunächst zur Folge, dass der Staat nicht selber Rundfunk veranstalten darf. Der „Staatsrundfunk" ist eindeutig und unbestritten nach der Verfassungsordnung der Bun-

---

[45] So zu Recht *BVerfGE* 59, 231, 254 f.; 78, 101, 102 f.; 83, 238, 312; für eine Erweiterung der Grundrechtsfähigkeit plädiert im Ergebnis nicht überzeugend nunmehr *Hesse*, Rundfunkrecht, 2. Aufl., 1999, 146 f.; vgl. dazu auch *Hartstein/Ring/Kreile/Dörr/Stettner*, Rundfunkstaatsvertrag, Vor § 11, Rdnr. 44.

[46] Grundlegend zu dem Gebot der Staatsfreiheit *Dörr*, Umfang und Grenzen der Rechtsaufsicht über die Deutsche Welle, 2000, 33 ff.; *Dörr*, Die verfassungsrechtliche Stellung der Deutschen Welle, 1998, 42 ff.; *Gersdorf*, Staatsfreiheit des Rundfunks in der dualen Rundfunkordnung der Bundesrepublik Deutschland, 1991; *Jarass*, Die Freiheit des Rundfunks vom Staat, 1981; *Schürmann*, AfP 1993, 435 ff.

[47] So ausdrücklich *BVerfGE* 57, 295, 320 und 333 f.; vgl. auch *BVerfGE* 31, 314, 329; 59, 231, 255; 73, 118, 182 ff.

desrepublik Deutschland untersagt.[48] Darin erschöpft sich die Bedeutung der Staatsfreiheit bzw. der Staatsferne des Rundfunks aber nicht. Vielmehr verbietet dieser Grundsatz auch unmittelbare Einflussnahme auf das Programm; jegliche staatliche Programmgestaltung ist demnach verboten.[49]

Noch bedeutsamer ist aber, dass die Rundfunkfreiheit auch subtilere mittelbare Beeinträchtigungen der Programmgestaltungsfreiheit, die den Rundfunkanstalten als Teil der Staatsfreiheit zusteht, verbietet. Insoweit richtet sich das Gebot zunächst an die Exekutive. Dieser ist es verwehrt, im Wege von Einzelmaßnahmen Einfluss auf den Inhalt von Rundfunkprogrammen zu nehmen. Das Gebot erfasst aber auch den Gesetzgeber. Dieser ist nicht frei, die rundfunkorganisatorischen Regelungen nach seinem Belieben zu gestalten. Dies zeigt sich einmal bei der in den Rundfunkgesetzen festzulegenden Zusammensetzungen der Aufsichtsgremien. Könnten diese überwiegend mit staatlichen Vertretern oder Repräsentanten, die dem Staat zuzurechnen sind, besetzt werden, würde das Gebot der Staatsfreiheit bzw. der Staatsferne leer laufen, weil der verbotene Einfluss ohne äußere Maßnahmen durch die Beteiligung an der Beschlussfassung der internen Organe wirksam würde. Die Rechtsprechung geht in diesem Zusammenhang allerdings nicht soweit, dass der staatliche Einfluss bei der Zusammensetzung der Aufsichtsgremien völlig ausgeschlossen werden muss, sondern hält nur einen beherrschenden Einfluss für unzulässig.[50] Auch aus diesem Grunde ist es sachgerechter, vom Gebot der Staatsferne zu sprechen. Eine weitere Konsequenz für den Gesetzgeber besteht darin, dass er auch nicht auf Umwegen Einfluss auf das Programm nehmen darf, bzw. dass Gefahren unterbunden werden müssen, die zu einer Einflussnahme auf das Programm führen können. Dies hat insbesondere für die Gebührenfestsetzung entscheidende Bedeutung, wie das Bundesverfassungsgericht in seinem Gebührenurteil[51] im Einzelnen herausgearbeitet hat. Das Verfahren zur Festsetzung der Gebühren und damit zur funktionsgerechten Finanzausstattung aller Rundfunkanstalten muss so beschaffen sein, dass Ein-

---

[48] So *BVerfGE* 12, 205, 262 f.; vgl. auch *BVerfGE* 31, 314, 329.
[49] So ausdrücklich *BVerfGE* 31, 314, 329.
[50] So ausdrücklich *BVerfGE* 12, 205, 263; 83, 238, 330.
[51] Vgl. *BVerfGE* 90, 60, 89 ff.

flussnahmen und auch nur die Möglichkeiten von Einflussnahmen auf das Programm unterbunden werden. Darauf wird noch im Einzelnen einzugehen sein.⁵²

Allerdings schließt die Staatsfreiheit bzw. Staatsferne gerade nicht aus, dass sich der Gesetzgeber mit der Materie Rundfunk befasst. Vielmehr muss er wegen seiner Aufgabe, die Rundfunkordnung auszugestalten, durch seine gesetzlichen Regelungen die Staatsferne gewährleisten. Daher ist es überaus schwierig, die sachgerechte Grenze zwischen verbotenem Staatseinfluss und gebotener gesetzlicher Ausgestaltung im Einzelnen zu ziehen.⁵³

5. Die Geltung der Rundfunkfreiheit für die Deutsche Welle

a) *Allgemeines*

Aus der Rundfunkfreiheit folgt demnach vor allem das Gebot der Staatsferne. Zu klären ist aber noch, ob sich auch die Deutsche Welle auf die Rundfunkfreiheit berufen kann. Der Klärungsbedarf ergibt sich daraus, dass die Deutsche Welle eine Bundesrundfunkanstalt mit einem besonderen Programmauftrag ist. So wurde in der Vergangenheit die Auffassung vertreten, dass der Deutschen Welle wegen ihres Auslandsauftrags das Grundrecht der Rundfunkfreiheit nicht zustehe.⁵⁴ Diese verfehlte und überholte Vorstellung über die verfassungsrechtliche Stellung der Deutschen Welle ist in letzter Zeit eindrucksvoll widerlegt worden.⁵⁵ Wie sich aus den nachfolgenden Überlegungen ergibt, ist die Deutsche Welle Träger der Rundfunkfreiheit.

---

⁵² Dazu unter VI.
⁵³ Vgl. dazu auch *Hesse*, 64 f.
⁵⁴ So etwa *Krause-Ablass*, JZ 1962, 158, 159 f.; *Remmele*, Die Selbstdarstellung der Bundesrepublik Deutschland im Ausland durch Rundfunk als Problem des Staats- und Völkerrechts, 1979, 39 ff.; *Dittmann*, Die Bundesverwaltung, 1983, 147 f.
⁵⁵ Grundlegend dazu *Bethge*, Budgetrecht contra Rundfunkfreiheit, in: Deutsche Welle (Hrsg.), Stellung und Finanzierung des deutschen Auslandsrundfunks, 2000, 11 ff.; *Dörr*, Auslandsrundfunk contra Rundfunkfreiheit, in: Deutsche Welle (Hrsg.), Stellung und Finanzierung des deutschen Auslandsrundfunks, 2000, 21 ff.; *Dörr*, Die verfassungsrechtliche Stellung der Deutschen Welle, 1998, 25 ff.; Hartstein, Die Finanzie-

b)   Die Abgrenzung zwischen Rundfunk und Öffentlichkeitsarbeit

Zunächst ist festzuhalten, dass es sich bei der Tätigkeit der Deutschen Welle um echten Rundfunk und nicht um regierungsamtliche Öffentlichkeitsarbeit handelt. Zwar ist es richtig und unbestreitbar, dass die Organe des Bundes - auch gegenüber dem Ausland - im Rahmen ihrer Kompetenzen die Befugnis zur regierungsamtlichen Öffentlichkeitsarbeit besitzen. Daraus lässt sich aber keineswegs ableiten, Auslandsrundfunksendungen seien per se Teil der regierungsamtlichen Öffentlichkeitsarbeit. Vielmehr kommt es darauf an, welche Funktionen die Auslandsrundfunkanstalt erfüllt, wie also ihr Aufgabenbereich bestimmt ist. Unter die Öffentlichkeitsarbeit würde lediglich die Mitteilung von Tatsachen fallen, die die für die Meinungsbildung notwendigen Informationen vermitteln, aber nicht den Willensbildungsprozess beeinflussen sollen. Dazu zählt das so genannte Verlautbarungsrecht der Bundesregierung etwa bei Katastrophenfällen oder bei anderen erheblichen Gefahren für die öffentliche Sicherheit und Ordnung.[56] Es bestünden demnach keine Einwände dagegen, solche amtlichen Verlautbarungen über einen eigenen Regierungssender zu verbreiten. Jedoch wäre dessen Tätigkeit ausschließlich auf amtlichen Verlautbarungen, also auf Maßnahmen der Öffentlichkeitsarbeit, beschränkt.[57]

Der Funktionsbereich der Auslandsrundfunkanstalt Deutsche Welle ist aber - und war schon immer - wesentlich breiter angelegt. Die Aufgabe der Deutschen Welle besteht darin, Rundfunksendungen für das Ausland zu veranstalten und mit ihren Sendungen ein umfassendes Bild des politischen, kulturellen und wirtschaftlichen Lebens in Deutschland zu vermitteln und den Rundfunkteilnehmern im Ausland die deutschen Auffassungen zu wichtigen Fragen darzustellen und zu erläutern (§ 3 Abs. 1, § 4 DWG). Dies macht

---

rungsgarantie des Bundes für die Deutsche Welle, 1999, 45 ff.; *Niepalla*, Deutsche-Welle-Gesetz, Kommentar, 2003, Grundlagen, Rdnr. 6; vgl. auch *Cremer*, ZUM 1995, 674 ff.; *Niepalla*, ZUM 1993, 109 ff.; *Tillmanns/Hein*, DVBl. 1990, 91, 93 ff. und die Diskussionsbeiträge von *Holznagel, Ricker, Schiedermair* und *Di Fabio*, in: Deutsche Welle (Hrsg.), Stellung und Finanzierung des deutschen Auslandsrundfunks, 2000, 61 f. , 63, 73 ff., 77f.; 79 ff. und 86 f.

[56] Vgl. eingehend zu dem Verlautbarungsrecht der Regierung *Bilstein*, Rundfunksendezeiten für amtliche Verlautbarungen, 1992.

[57] Zutreffend *Puhl*, DVBl. 1992, 933, 936.

deutlich, dass die Deutsche Welle verpflichtet ist, das gesamte Meinungsspektrum, also umfassende Pluralität, zu vermitteln. Bei der Deutschen Welle handelt es sich demnach um einen an das Ausland gerichteten Sender mit dem Auftrag umfassender und ausgewogener Berichterstattung. Damit geht der Funktionsbereich der Deutschen Welle weit über das hinaus, was unter regierungsamtlicher Öffentlichkeit verstanden werden kann. Es handelt sich gerade nicht um einen bloßen Bulletin-Rundfunk mit dem reinen Auftrag regierungsamtlicher Selbstdarstellung. Für einen solchen Bulletin-Rundfunk wäre allerdings auch die Bezeichnung Rundfunk verfehlt; man müsste von Verlautbarungsfunk sprechen. Demnach hat also der Bund mit der Deutschen Welle eine Einrichtung geschaffen, die Rundfunk betreibt und nicht bloße amtliche Öffentlichkeitsarbeit der Regierung.[58]

Zudem hat der Bundesgesetzgeber die Deutsche Welle als staatsferne Einrichtung organisiert. Er hat die Aufgabe, den Auslandsrundfunk zu veranstalten, einer öffentlich-rechtlichen Anstalt mit Selbstverwaltung übertragen. So betont § 1 DWG, dass die Deutsche Welle eine gemeinnützige und rechtsfähige Anstalt des öffentlichen Rechts ist und das Recht zur Selbstverwaltung besitzt. Zudem wurde auch bei der Zusammensetzung von Rundfunk- und Verwaltungsrat dem Grundsatz der Staatsferne Rechnung getragen. Dies zeigt sich insbesondere bei der Ausgestaltung des Rundfunkrates. Gerade der Rundfunkrat hat grundlegende Bedeutung für die Rundfunkorganisation, weil die anderen Organe von ihm strukturell abhängig sind und er dank seiner Funktion als „oberstes Organ" der Rundfunkanstalt erscheint. Ursprünglich bestand der Rundfunkrat bei der Deutschen Welle zu 8/11 aus Vertretern der Bundesregierung, des Bundestages und des Bundesrates, also Vertretern, die ganz eindeutig der staatlichen Ebene zuzurechnen waren. Damit hatten die staatlichen Vertreter dominierenden bzw. beherrschenden Einfluss, die Zusammensetzung entsprach nicht dem Grundsatz der Staatsferne und dem Pluralitätsgebot.[59] Gegen diese organisatorische Ausgestaltung wurden von ver-

---

[58] Vgl. eingehend dazu *Dörr*, Die verfassungsrechtliche Stellung der Deutschen Welle, 26 ff.; *Niepalla*, Deutsche-Welle-Gesetz, Kommentar, 59 ff.

[59] Diese Regelungen waren anscheinend auch dadurch bedingt, dass man die Deutsche Welle damals nicht als eine Rundfunkanstalt ansah, die Trägerin des Grundrechts der Rundfunkfreiheit ist; vielmehr lag dieser Organisation wohl eher die Vorstellung zu-

schiedenen Seiten verfassungsrechtliche Bedenken erhoben.[60] Auf diese Kritik reagierte der Gesetzgeber bereits mit dem 1. Gesetz zur Änderung des Gesetzes über die Errichtung von Rundfunkanstalten des Bundesrechts vom 30. März 1990.[61] Durch dieses Gesetz wurde die Zahl der staatlichen Vertreter im Rundfunkrat der Deutschen Welle erheblich abgesenkt. Ausweislich der Begründung zu dem Gesetzesentwurf geschah dies, um einen verbotenen übermäßigen Einfluss des Staates oder ein Übergewicht einzelner gesellschaftlicher Gruppen in Zukunft auszuschließen. Durch den neu gefassten § 3 Bundesrundfunkgesetz wurde verankert, dass lediglich 7 der 17 Mitglieder des Rundfunkrats vom Deutschen Bundestag (2), Bundesrat (2) und der Bundesregierung (3) ernannt werden dürfen. Auch im Hinblick auf die Besetzung des Verwaltungsrats bleibt festzuhalten, dass der Gesetzgeber die Deutsche Welle als staatsferne öffentlich-rechtliche Anstalt organisiert hat.[62]

c) Die Grundrechtsträgerschaft der Deutsche Welle

Zu klären ist aber noch die Problematik, ob diese organisatorische Ausgestaltung lediglich eine rechtspolitische Entscheidung des einfachen Gesetzgebers darstellte oder ob sie verfassungsrechtlich geboten ist. Dies hängt davon ab, ob sich auch die Deutsche Welle auf das Grundrecht der Rundfunkfreiheit und damit auf das Gebot der Staatsferne berufen kann. In diesem Zusammenhang ist zunächst festzustellen, dass in den Gesetzesentwürfen, die zum jetzigen DWG führten, in den Begründungen zu diesen Gesetzesentwürfen und in den parlamentarischen Diskussionen der Jahre 1994 bis 1997 die Staatsfreiheit und die Grundrechtsfähigkeit der Deutschen Welle im Hinblick auf die Rundfunkfreiheit im politischen Umfeld einhellig anerkannt und begrüßt wurden.

Die Annahme, dass sich die Deutsche Welle auf das Grundrecht der Rundfunkfreiheit und das daraus folgende Gebot der Staatsferne berufen kann, ist

---

grunde, man betreibe mit der Deutschen Welle regierungsamtliche Öffentlichkeitsarbeit.
[60] Vgl. etwa *Herrmann*, Rundfunkrecht, 1994, § 11 Rdnr. 18.
[61] Vgl. BGBl. 1990, I, 823.
[62] Vgl. zum Ganzen *Dörr*, Die verfassungsrechtliche Stellung der Deutschen Welle, 45 ff.

auch zutreffend. Dies ergibt sich bereits daraus, dass die Deutsche Welle echten Rundfunk veranstaltet. Hinzu kommt, dass die Deutsche Welle als Medium und Faktor innerstaatlicher Willensbildung wirkt. Dabei ist zunächst festzuhalten, dass die Programme der Deutschen Welle sowohl im Hörfunk als auch im Fernsehen im Inland zwangsläufig empfangbar sind.[63] Dies ist bei den Hörfunkprogrammen schon dadurch bedingt, dass diese über Kurzwelle abgestrahlt werden und eine Abschottung des Inlandes technisch nicht möglich ist. Hinzu kommt auch, dass das deutsche Hörfunkprogramm zusätzlich auch über Satellit zwecks qualitativ besserer Empfangbarkeit im gesamten europäischen Raum mit voller Bedeckung des Inlands abgestrahlt wird.

Zudem gilt ähnliches für das Fernsehprogramm der Deutschen Welle, das in Europa über den direkt empfangbaren Satelliten Eutelsat verbreitet wird. Demnach ist festzuhalten, dass die Deutsche Welle mit ihren deutschsprachigen Hörfunk- und Fernsehprogrammen bereits aus technischen Gründen im Inland empfangbar ist und schon deshalb einen Faktor und ein Medium inländischer Meinungsbildung darstellt.[64]

Auch ist zu beachten, dass die Deutsche Welle an der Hörfunkprogrammgestaltung der ARD mitwirkt. Im Bereich des Auslandsfernsehens besteht eine Kooperation der Deutschen Welle mit den ARD-Landesrundfunkanstalten und dem ZDF in Form des deutschsprachigen Auslandskanals (German TV), der seit einem Jahr den Betrieb aufgenommen hat. Zudem ist die Deutsche Welle Vollmitglied der ARD und an deren Gemeinschaftseinrichtungen beteiligt. Der Bundesgesetzgeber ordnet die Zusammenarbeit der Deutschen Welle mit den inländischen öffentlich-rechtlichen Rundfunkanstalten auch ausdrücklich in § 8 Abs. 1 DWG an. Würde die Deutsche Welle die Rundfunkfreiheit nicht in Anspruch nehmen können, wäre über den Programmaustausch und die Stimmberechtigung der Deutschen Welle in der ARD auch die Einhaltung der für die inländischen öffentlich-rechtlichen

---

[63] Dabei erreicht die Deutsche Welle einen hohen Bekanntheitsgrad: 56 Prozent der deutschen Bevölkerung kennen die Deutsche Welle, vgl. dazu die Repräsentativbefragung zur Deutschen Welle im November/Dezember 2001, S. 4.
[64] Vgl. dazu *Dörr*, Die verfassungsrechtliche Stellung der Deutschen Welle, 32 ff.

Rundfunkanstalten ganz eindeutig geltenden verfassungsrechtlichen Gewährleistungen gefährdet.

Schließlich wirkt auch die Auslandsverbreitung auf die innerstaatliche Meinungsbildung zurück. Die Programme der Deutschen Welle richten sich nach dem Programmauftrag auch an diejenigen Deutschen, die sich überwiegend oder als Touristen im Ausland aufhalten. Schon die Zahl derjenigen Deutschen, die ständig oder für einen längeren Zeitraum im Ausland wohnen und nach dem Wahlrecht berechtigt sind, an den Bundestagswahlen teilzunehmen, ist beträchtlich. Allein in den USA sollen ca. 500.000 Deutsche leben, die berechtigt sind, an der Bundestagswahl teilzunehmen. Ungefähr 52 Prozent der Deutschen machen im Verlauf von zwei Jahren Urlaubsreisen ins Ausland. Jeder vierte Reisende nutzt dabei das Hörfunkprogramm der Deutschen Welle, jeder fünfte Reisende das Fernsehprogramm der Deutschen Welle.[65] Der überwiegende Teil der Nutzer der Deutschen Welle fühlt sich im Ausland sehr gut oder gut durch das Angebot der Deutschen Welle informiert.[66] Daher wirkt die Deutsche Welle an der innerstaatlichen Willensbildung in einem ganz erheblichen Umfang mit. Schon aus diesem Grunde müssen die aus der Rundfunkfreiheit geltenden Grundsätze für die Deutsche Welle Anwendung finden, so dass diese auch berechtigt ist, sich auf dieses Grundrecht zu berufen.

Darüber hinaus ist festzustellen, dass die Bundesrepublik Deutschland bei der Organisation von Auslandsrundfunk ganz unabhängig von Einflüssen auf die innerstaatliche Willensbildung an das Grundrecht der Rundfunkfreiheit gebunden ist. Dieses Grundrecht stellt ein Menschenrecht dar, das auch gegenüber Ausländern zu gewährleisten ist. Im Fall der Deutschen Welle wird die Staatsgewalt auch grenzüberschreitend eingesetzt, so dass im Hinblick auf die Wirkkraft der Grundrechte bei Sachverhalten mit grenzüberschreitenden Elementen von einer grenzüberschreitenden Auswirkung dieses Grundrechts aus-

---

[65] So das Ergebnis der Repräsentativbefragung zur Deutschen Welle im November/Dezember 2001, S. 2, 7.
[66] Vgl. die Repräsentativbefragung zur Deutschen Welle im November/Dezember 2001, S. 3.

zugehen ist.[67] Dabei ist zudem von Bedeutung, dass die Rundfunkfreiheit in Art. 10 EMRK einen umfassenden Schutz erfahren hat und auch deshalb der Bundesgesetzgeber nicht argumentieren kann, der Schutzbereich des Art. 5 Abs. 1 Satz 2 GG reiche nicht über die Grenzen der Bundesrepublik Deutschland hinaus. Vielmehr bestätigt Art. 10 EMRK das Ergebnis, dass das Grundrecht auf freie Meinungsäußerung auch mittels Rundfunk als eines der vornehmsten Menschenrechte überhaupt europaweit, also unabhängig von den nationalen Rechtsordnungen gilt. Demnach ist die Bundesrepublik Deutschland bei ihrer Selbstdarstellung nach außen an das grundlegende Verfassungsprinzip der Rundfunkfreiheit selbst dann gebunden, wenn es an einer Auswirkung auf die innerstaatliche Meinungsbildung fehlen würde. Daher steht der Deutschen Welle das Grundrecht der Rundfunkfreiheit in vollem Umfang zur Seite; insoweit ergeben sich keine Unterschiede zu den Landesrundfunkanstalten mit einem inlandsbezogenen Programmauftrag.

Somit folgt aus dem Grundrecht der Rundfunkfreiheit, dass auch die Autonomie der Deutschen Welle verfassungsrechtlich vorgegeben ist. Der Deutschen Welle steht das Gebot der Staatsferne in gleicher Weise wie den Landesrundfunkanstalten zu.

IV. Der Programmauftrag der Deutschen Welle und seine mögliche Ergänzung

1. Der Kulturauftrag der Deutschen Welle als Kern ihres Programmauftrages

Bei der Ausgestaltung des Programmauftrages ist insbesondere die Funktion des Auslandsrundfunks zu berücksichtigen. Diese Funktion ist bisher noch nicht in vollem Umfang aufgezeigt worden. Nach § 3 Abs. 1 DWG hat die Deutsche Welle die Aufgabe, Rundfunk (Hörfunk und Fernsehen) für das

---

[67] Vgl. dazu grundlegend *Schröder*, Die Wirkkraft der Grundrechte bei Sachverhalten mit grenzüberschreitenden Elementen, in: *von Münch, Ingo* (Hrsg.), Festschrift für Schlochauer, 1981, 137 ff.

Ausland zu veranstalten. Die Bestimmung des § 3 Abs. 2 stellt klar, dass die Rundfunksendungen der Deutschen Welle sowohl in deutscher Sprache als auch in Fremdsprachen verbreitet werden. Der eigentliche Programmauftrag wird in § 4 DWG geregelt. Diese Vorschrift ordnet an, dass die Sendungen der Deutschen Welle ein umfassendes Bild des politischen, kulturellen und wirtschaftlichen Lebens in Deutschland vermitteln und den Rundfunkteilnehmern im Ausland die deutschen Auffassungen zu wichtigen Fragen darstellen und erläutern. Mit der Vorschrift des § 4 DWG ist der Programmauftrag generalklauselartig umschrieben und auf ein klares Ziel hin ausgerichtet. Dabei hat man bewusst davon abgesehen, eine detailliertere Beschreibung vorzunehmen. Die Bundesregierung befürchtete, wie sie in ihrer Gegenäußerung zu einer diesbezüglichen Stellungnahme des Bundesrates deutlich machte, dass durch eine detaillierte Beschreibung und durch die Begriffswahl des Änderungsvorschlages eine Stringenz eintrete, die zu einer Erschwerung der Programmtätigkeit der Deutschen Welle führen würde.[68] Die Regelung des § 4, die den Programmauftrag umreißt, wird durch die Bestimmung des § 5 DWG ergänzt, die die Gestaltung des Programms betrifft. Dazu werden bestimmte Programmgrundsätze vorgegeben. So hat die Deutsche Welle in ihren Sendungen die Würde des Menschen zu achten und zu schützen, die Vorschriften der allgemeinen Gesetze, die gesetzlichen Bestimmungen zum Schutze der Jugend und des Rechts der persönlichen Ehre einzuhalten. Außerdem haben ihre Sendungen eine unabhängige Meinungsbildung zu ermöglichen und nicht einseitig eine Partei oder sonstige Vereinigung zu unterstützen. Zudem sind sittliche, religiöse und weltanschauliche Überzeugungen der Adressaten zu achten. Schließlich soll die Berichterstattung umfassend, wahrheitsgetreu und sachlich sein. Die Herkunft und der Inhalt der zur Veröffentlichung bestimmten Nachrichten sind mit der gebotenen Sorgfalt zu prüfen. Werden Kommentare gesendet, sind diese deutlich von Nachrichten zu trennen und unter Nennung des Verfassers als solche zu kennzeichnen. Mit all diesen Regelungen entspricht das DWG im Wesentlichen den in den Landes-

---

[68] Die Entstehungsgeschichte des § 4 ist wiedergegeben bei *Niepalla*, Deutsche-Welle-Gesetz, Kommentar, § 4, Amtliche Begründung.

rundfunkgesetzen und den Staatsverträgen enthaltenen Vorgaben für die Programmgestaltung beim öffentlich-rechtlichen Rundfunk.

§ 5 Abs. 3 Satz 1 enthält aber noch einen anderen Grundsatz, den die Deutsche Welle zu beachten hat und der im deutschen Rundfunkrecht ohne Beispiel ist. Dieser hängt mit der spezifischen Aufgabe und dem Programmauftrag der Deutschen Welle zusammen. § 5 Abs. 3 Satz 1 verlangt, dass die Berichterstattung der Deutschen Welle in dem Bewusstsein zu erfolgen hat, dass die Sendungen der Deutschen Welle die Beziehungen der Bundesrepublik Deutschland zu ausländischen Staaten berühren. Es handelt sich der Sache nach um ein außenpolitisches Rücksichtnahmegebot, das auch nicht in entsprechender Weise für vergleichbare innerstaatliche Sachverhalte in rundfunkrechtlichen Regelungen der Länder enthalten ist. Auch der in § 4 DWG formulierte Programmauftrag nimmt auf die spezifische Funktion der Deutschen Welle Bezug, indem er formuliert: „Die Sendungen der Deutschen Welle sollen den Rundfunkteilnehmern im Ausland (...) die deutschen Auffassungen zu wichtigen Fragen darstellen und erläutern". In dieser Formulierung des Programmauftrages wird ansatzweise der eigentliche Kern des Auftrages der Deutschen Welle deutlich: Die Deutsche Welle hat fundamentalen Anteil am staatlichen Kulturauftrag. Gemeinsam mit anderen Institutionen, etwa den Goethe-Instituten verwirklicht sie diesen Kulturauftrag durch den Kontakt und kulturellen Austausch mit anderen Staaten und deren Bürgern und schafft so die Grundlage für eine gelungene internationale Zusammenarbeit.

Dabei ist es die Aufgabe der Deutschen Welle, im Ausland ein Bild der deutschen Kultur zu vermitteln. Der generelle Kulturauftrag, an dem der Rundfunk teilhat, ergibt sich aus dem Grundgesetz. Zwar enthält das Grundgesetz keine ausdrückliche Staatszielbestimmung „Kultur".[69] Auch das Bundesverfassungsgericht hat sich zum Kulturbegriff stets nur in Zusammenhang mit

---

[69] So richtig *Reuhl*, JZ 1981, 321. Darin unterscheidet sich das Grundgesetz von einigen anderen Verfassungen. So enthält beispielsweise Art. 9 der italienischen Verfassung einen ausdrücklichen Kulturartikel. Die bayrische Verfassung bezeichnet Bayern in ihrem Art. 3 Abs. 1 als Rechts-, Kultur- und Sozialstaat. Vgl. dazu *Stern*, Kulturelle

einzelnen Elementen, etwa dem Schul-[70] oder Hochschulbereich[71], der Kunst[72], der Wissenschaft[73], der Religion[74] und den Medien[75] geäußert. Aus dieser Rechtsprechung ergibt sich aber kein Gesamtbild eines dem Grundgesetz zugrunde liegenden Kulturbegriffes.[76] Dennoch ist es unbestritten, dass das Grundgesetz der Kultur – wenn auch nicht ausdrücklich - einen hohen Stellenwert einräumt, so dass man vielleicht so weit gehen kann, die Kulturstaatlichkeit des Grundgesetzes als verfassungsrechtlichen Tatbestand zu bezeichnen. Verankert ist dieser Tatbestand insbesondere im Grundrechtsteil des Grundgesetzes, in dem kulturelle Werte und kulturelle Einrichtungen beispielsweise über die Kunstfreiheit, die Wissenschaftsfreiheit, die Religionsfreiheit oder die Rundfunkfreiheit geschützt werden.[77] Dabei garantiert das Grundgesetz auch, dass die kulturellen Einrichtungen ihre gesellschaftlichen Aufgaben wahrnehmen können, ohne staatlichem Einfluss ausgesetzt zu sein. Gerade die Rundfunkfreiheit leistet einen fundamentalen Beitrag zur deutschen Kulturlandschaft. Die Deutsche Welle als Trägerin des verfassungsrechtlichen Kulturauftrages hat dabei die besondere Aufgabe, diesen Kulturauftrag durch den Kontakt mit dem Ausland zu erfüllen, wobei nicht nur der kulturelle Austausch gefördert, sondern auch gleichzeitig die Basis für eine internationale Zusammenarbeit gelegt werden kann. Der Begriff der Kultur ist für den Programmauftrag der Deutschen Welle durchaus weit zu verstehen, er schließt nicht nur Informationssendungen, sondern auch Unterhaltung mit

---

Werte im deutschen Verfassungsrecht, in: *Kästner/Nörr/Schlaich* (Hrsg.), Festschrift für Martin Heckel, 1999, 857, 866 f.

[70] *BVerfGE* 6, 309, 354.

[71] *BVerfGE* 10, 20, 37; 35, 79, 115; 37, 314, 322.

[72] *BVerfGE* 10, 20, 37; 36, 321, 337; 81, 108, 116.

[73] *BVerfGE* 10, 20, 37; 35, 79, 114; 81, 108, 116.

[74] *BVerfGE* 12, 1, 4; 41, 65, 84; 42, 29, 52; 52, 223, 237; 83, 341, 353.

[75] Im Bereich der Medien insbesondere zum Rundfunk, vgl. dazu *BVerfGE* 12, 205, 229, 236 f.; 13, 54, 80; 31, 314, 325 ff.; 35, 202, 219 ff.; 57, 295, 319 ff.; 59, 231, 257 ff.; 73, 118, 152 ff.; 74, 297, 323 ff.; 77, 65, 74 ff.; 83, 238, 295 ff.; 87, 181, 197 ff.; 90, 60, 87 ff.

[76] Vgl. *Stern*, Kulturelle Werte im deutschen Verfassungsrecht, in: *Kästner/Nörr/Schlaich* (Hrsg.), Festschrift für Martin Heckel, 1999, 857, 859.

[77] Vgl. dazu *Reuhl*, JZ 1981, 321 f.; *Stern*, Kulturelle Werte im deutschen Verfassungsrecht, in: Festschrift für Martin Heckel, 857, 868 f.

ein.[78] Das kulturelle Erbe wird von den verschiedenen gesellschaftlichen Gruppen verwaltet, die sich im Programm der Deutschen Welle widerspiegeln. Zentral für die Vermittlung deutscher Kultur im Ausland ist zudem die Verbreitung und Förderung der deutschen Sprache. Auch wenn die Programme der Deutschen Welle teilweise in anderen Sprachen ausgestrahlt werden, kann und soll das Programmangebot der Deutschen Welle das Interesse an deutscher Kultur wecken. Über das Internetangebot der Deutschen Welle können dann auch Deutschkurse und Angebote wie die täglichen Nachrichten, langsam und verständlich gesprochen, bezogen werden.

Da die Deutsche Welle verfassungsrechtlich notwendig eine staatsferne Anstalt ist, genießt sie als Träger und Vermittler deutscher Kultur im Ausland besondere Glaubwürdigkeit. Sie tritt nicht als Bote staatlicher Interessen, sondern als unabhängiger Kulturträger auf, dessen Auftrag im Austausch der Kulturen und im aktiven Eintreten für grundlegende Werte des Grundgesetzes liegt. In diesem Rahmen umfasst der Kulturauftrag der Deutschen Welle nicht ausschließlich die Information des Auslands über Deutschland. Vielmehr sendet die Deutsche Welle auch Berichte über das jeweilige Land für die Bewohner dieses Landes (Stichwort „in der Region, für die Region"). Diese Berichte weisen auf den ersten Blick keinen Bezug zum Auftrag der Deutschen Welle auf. Wichtig bei dieser Berichterstattung ist aber, dass sie vor dem Hintergrund des Kulturauftrages der Deutschen Welle erfolgt, dass also beispielsweise das Eintreten für die Menschenrechte und andere verfassungsrechtliche Grundwerte – im Rahmen des diplomatisch und politisch möglichen und höflichen – stets Anliegen der Berichterstattung bleibt. Insbesondere in Gebieten, wo die Deutsche Welle die einzige Quelle für Informationen über die Region darstellt, nimmt sie daher eine wichtige Funktion wahr. Dabei wird der Deutschen Welle ein hohes Maß an Vertrauen entgegengebracht, was sicher auch mit der sehr kurzen kolonialen Vergangenheit Deutschlands zusammenhängt. Für die Zuschauerbindung ist die regionale Berichterstattung der Deutschen

---

[78] Der generelle Programmauftrag des öffentlich-rechtlichen Rundfunks wird ebenfalls nicht auf die so genannte Hochkultur beschränkt. Vielmehr wird der Kulturauftrag öffentlich-rechtlichen Rundfunks weit verstanden, so dass er den Sport ebenso umfasst wie Unterhaltungsprogramme.

Welle von großer Bedeutung.⁷⁹ Die Regionalisierung der Programminhalte ist daher auch in Gebieten, wo neben der Deutschen Welle andere freie Rundfunkanbieter senden, unbedingt erforderlich, weil auf diese Weise das Interesse der Zuschauer und Zuhörer geweckt und eine Zuschauerbindung angestoßen werden kann. Die regionale Komponente spielt damit für die Berichterstattung der Deutschen Welle eine nicht zu unterschätzende Rolle.

Eine besonders wichtige Rolle spielt die Deutsche Welle mit ihrer von staatlichem Einfluss unabhängigen, zugleich aber nicht wertneutralen Berichterstattung auch in Krisengebieten oder in Ländern ohne staatsfernen unabhängigen Rundfunk.⁸⁰ In diesem Zusammenhang erweist sich die Übertragung von Hörfunk über Kurzwellen als wesentlich, da Kurzwellen-Radiogeräte technisch einfach konstruiert und nur begrenzt anfällig für Störsender sind. Das „Krisen- und Präventionsradio" der Deutschen Welle vermittelt weltweit in politischen Krisenregionen wahre Informationen und trägt damit zur Meinungsbildung in den Krisenregionen, zur Konfliktbewältigung und zur Prävention weitere Konflikte bei. Damit leistet die Deutsche Welle einen entscheidenden kulturellen Beitrag zur Völkerverständigung, wie sie das Grundgesetz als grundlegendes verfassungsrechtliches Ziel formuliert.

2. Die Konkretisierung des Programmauftrages der Deutschen Welle

Der Programmauftrag der Deutschen Welle ergibt sich klar aus ihrer Funktion als öffentlich-rechtliche Auslandsrundfunkanstalt. Dabei partizipiert die Deutsche Welle zum einen am generellen Programmauftrag des öffentlich-rechtlichen Rundfunks, der dem Demokratieprinzip und dem Kulturauftrag des Grundgesetzes verpflichtet ist. Die spezifische Funktion der Deutschen Welle als Auslandsrundfunkanstalt führt aber auch zu einem besonderen Programmauftrag der Deutschen Welle, der sie von den anderen öffentlich-rechtlichen Rundfunkanstalten abhebt: Der Kulturauftrag des Grundgesetzes,

---

[79] Vgl. dazu sowie zur regionalen Berichterstattung durch die Deutsche Welle insgesamt *Niepalla*, Deutsche-Welle-Gesetz, Kommentar, § 4 Rdnr. 24.

[80] Hierzu *Niepalla*, Deutsche-Welle-Gesetz, Kommentar, § 4 Rdnr. 21 ff.

an dem der öffentlich-rechtliche Rundfunk teilhat, erhält für die Deutsche Welle besondere Bedeutung. Gegenüber dem Ausland wirkt dieser Kulturauftrag als Auftrag zu kulturellem Austausch und kultureller Verständigung auf der Basis der fundamentalen Werte des Grundgesetzes. Damit hat die Deutsche Welle nicht nur am Kulturauftrag des Grundgesetzes wesentlichen Anteil, sondern sie bildet auch einen entscheidend wichtigen Faktor zur Verwirklichung der Verfassungsziele der internationalen Zusammenarbeit und der europäischen Integration. Dabei erweist sich die regionale Berichterstattung der Deutschen Welle als entscheidend, um das Interesse von Zuhörern und Zuschauern zu wecken. Der besondere Auftrag der Deutschen Welle muss sich im Programmauftrag der Deutschen Welle widerspiegeln. Der in § 4 DWG umrissene Programmauftrag der Deutschen Welle sollte daher wie folgt formuliert werden:

§ 4

Programmauftrag

Die Sendungen der Deutschen Welle sollen den Rundfunkteilnehmern im Ausland ein umfassendes Bild des politischen, kulturellen und wirtschaftlichen Lebens in Deutschland vermitteln und ihnen die deutschen Auffassungen zu wichtigen Fragen darstellen und erläutern. Die Deutsche Welle bildet einen wichtigen Faktor des Kulturauftrages des Grundgesetzes. Als unabhängiger kultureller Vermittler zwischen der Bundesrepublik Deutschland und den Bürgern anderer Staaten besitzt sie eine Schlüsselfunktion für die Erfüllung der Verfassungsaufträge der internationalen Zusammenarbeit und der europäischen Integration. Die Deutsche Welle berichtet daher im Ausland insbesondere über Vorgänge in Deutschland und über das regionale Geschehen in dem jeweiligen Zielgebiet im Ausland.

V. Die Online-Aktivitäten der Deutschen Welle

1. Die Deutsche Welle im Internet

Das Internet stellt für den Rundfunk nicht nur eine zusätzliche Übertragungsmöglichkeit zur Verfügung. Allerdings ist die Frage, ob und inwieweit auf das Internet als zusätzliche Übertragungsmöglichkeit zurückgegriffen werden kann, für die Deutsche Welle von ungleich größerer Bedeutung als für inländische öffentlich-rechtliche Rundfunkveranstalter. So verbreitet die deutsche Welle seit Juli 1996 über Internet Nachrichten und Informationen in - derzeit - 31 Sprachen als „DW-world" unter der Domain: www.dw-world.de. Dabei zeichnen sich sechs Pilotsprachen (deutsch, englisch, russisch, chinesisch, spanisch und portugiesisch) durch einen eigenständigen redaktionellen Auftritt aus, während in den sonstigen Basissprachen ein Informationsangebot mit mindestens programmbegleitendem Charakter abrufbar ist.

Mit dem Internet ist ein neues Medium in die Rundfunklandschaft eingebrochen, das durch die Kombination von individualkommunikativen und massenkommunikativen Elementen neue Maßstäbe setzt.[81] Der Internetnutzer wird in das Geschehen aktiv mit eingebunden und bestimmt den Ablauf des Programms maßgeblich mit. Die Kombination von Text-, Bild- und Tonelementen eröffnet zudem ein neues weites Spektrum an Präsentationsmöglichkeiten. Durch die andersartige Nutzung des Internets im Gegensatz zu Hörfunk und Fernsehen wird das Internet in erster Linie als zusätzliches, den klassischen Rundfunk ergänzendes, aber nicht verdrängendes Medium betrachtet. Die Medienlandschaft insgesamt verändert sich durch die zunehmende Verbreitung des Internets jedoch grundlegend.[82] Auf diese Entwicklung haben die inländischen öffentlich-rechtlichen Rundfunkveranstalter mit einem Online-Angebot, das das klassische Rundfunkprogramm ergänzen soll, reagiert.[83]

Umstritten ist aber, wie weit der öffentlich-rechtliche Rundfunk im Inland mit seiner Präsenz im neuen Medium Internet gehen darf. Während der Intendant des WDR Pleitgen forderte, das Internet neben Hörfunk und Fernsehen zur

---

[81] Zu der Entwicklung des Internets und den Auswirkungen auf die Rundfunkanstalten vgl. *Gutting*, ZögU 1998, Band 21, 79; zur Unterscheidung von Massen- und Individualkommunikation unter Konvergenzbedingungen siehe *Paschke*, Medienrecht, Rdnr. 26 ff.

[82] Auch der rechtliche Rahmen für die Medienlandschaft verändert sich, vgl. zu neueren Entwicklungen im Bereich des Medienrechts *Dörr/Zorn*, NJW 2001, 2837; speziell für die europäische Ebene *Scheuer/Strothmann*, MMR 2001, 576.

[83] Einen ersten Überblick über die Betätigung öffentlich-rechtlicher Körperschaften und Anstalten im Online-Bereich bietet *Rath-Glawatz*, AfP 1998, 261.

„dritten Säule" des öffentlich-rechtlichen Rundfunks auszubauen[84], streiten beispielsweise der Zeitungsverleger Verband Nordrhein-Westfalen (ZVNRW), der Bundesverband Deutscher Zeitungsverleger (BDZV) sowie der Verband Privater Rundfunk und Telekommunikation (VPRT) für eine klare gesetzliche Begrenzung der Online-Aktivitäten des öffentlich-rechtlichen Rundfunks.[85]

Im Folgenden soll daher im Hinblick auf die Online-Aktivitäten der Deutschen Welle untersucht werden, welche Vorgaben das DWG hierzu enthält und welche Änderungen des DWG gegebenenfalls angezeigt sind. Dabei können sich Vorgaben aus dem Rundfunkstaatsvertrag und aus Verfassungsrecht ergeben. Der Befund nach Maßgabe des DWG ist einfach. Danach ist die Verbreitung von Online-Diensten nicht untersagt; sie ist aber in der Aufgabenbeschreibung des § 3 Abs. 1 auch nicht ausdrücklich erlaubt.

2. Rechtliche Vorgaben für die Online-Aktivitäten der Deutschen Welle

Der ARD-Staatsvertrag enthält zwar mit § 4 Abs. 3 ARD-StV eine Regelung zu Online-Aktivitäten des öffentlich-rechtlichen Rundfunks. Jedoch ist der ARD-StV nicht auf selbständige Aktivitäten der Bundesrundfunkanstalt Deutsche Welle außerhalb der ARD anwendbar. Der Rundfunkstaatsvertrag findet auf Eins-zu-eins-Übertragungen von Rundfunk im Internet zwar grundsätzlich Anwendung. Er bindet aber nur die Länder und enthält keine Regelungen speziell für Online-Aktivitäten, so dass sich hieraus auch kein Rahmen für Online-Aktivitäten der Deutschen Welle ergibt.

Es stellt sich nun die Frage, ob und inwieweit aus anderen Überlegungen Vorgaben für die Online-Aktivitäten der Deutschen Welle abgeleitet werden

---

[84] Siehe die Meldung in epd medien Nr. 52 vom 1. Juli 2000, 16. Der Intendant des HR Berg hat dieses Ziel für den Hessischen Rundfunk formuliert, vgl. epd medien Nr. 69 vom 30. August 2000, 15.

[85] Siehe die Stellungnahmen unter www.bdzv.de und www.vprt.de sowie das von ZVNRW, BDZV und VPRT in Auftrag gegebene Gutachten von *Degenhart*, Der

können. Hierbei gilt es insbesondere zu untersuchen, ob der besondere Auftrag der Deutschen Welle auch im Internet Besonderheiten zur Folge hat. Wenn man sich zunächst mit der Funktion des öffentlich-rechtlichen Rundfunks in der dualen Rundfunkordnung innerhalb der Bundesrepublik Deutschland beschäftigt, als Garant für Vielfalt und Ausgewogenheit den Bürger umfassend zu informieren, kommt dies auch in den neuen Medien, insbesondere im Internet zum Tragen, da sich das Internet zunehmend zu einem wichtigen Faktor der öffentlichen Meinungsbildung in der Demokratie entwickelt. Daher lässt sich durchaus diskutieren, ob und inwieweit Online-Angebote der Landesrundfunkanstalten schon einen Teil der Grundversorgung darstellen. Dies gilt allerdings nicht für die Deutsche Welle, die gerade nicht am Grundversorgungsauftrag teilhat.

3. Online-Angebote als Randbetätigung der Deutschen Welle

Etwas anderes gilt aber dann, wenn die Aktivitäten des öffentlich-rechtlichen Rundfunks im Online-Bereich als zulässige Randbetätigung der Deutschen Welle legitimiert werden können. Die Deutsche Welle hat nach § 14 DWG das Recht, Druckwerke mit programmbezogenem Inhalt herauszugeben, soweit dies zur Erfüllung ihrer Aufgaben erforderlich ist. Das Bundesverfassungsgericht hat die Zulässigkeit von programmbezogenen Druckwerken als einer Randbetätigung des öffentlich-rechtlichen Rundfunks, die den Programmauftrag unterstützt, bestätigt.[86] In seiner Entscheidung stellt das Verfassungsgericht maßgeblich darauf ab, ob die Herausgabe der Druckwerke zur Verwirklichung der Aufgaben des öffentlich-rechtlichen Rundfunks beiträgt.[87] Ist dies der Fall, so gehört die entsprechende Randbetätigung direkt zur Ausübung der Rundfunkfreiheit.[88] Dies ist wichtig, da sich die öffentlich-rechtlichen Rundfunkanstalten als Anstalten des öffentlichen Rechts und damit auch die Deutsche Welle nur auf die Rundfunkfreiheit des Art. 5 Abs.1

Funktionsauftrag des öffentlich-rechtlichen Rundfunks in der „Digitalen Welt". Eine Kurzfassung des Gutachtens findet sich in K&R 2001, 329.

[86] *BVerfGE* 83, 238 ff.
[87] Vgl. *BVerfGE* 83, 238, 313.
[88] *BVerfGE* 83, 238, 313.

Satz 2 GG, nicht jedoch auf andere Grundrechte, beispielsweise die Pressefreiheit, die Berufsfreiheit oder die allgemeine Handlungsfreiheit, berufen können.[89]

Vorliegend erscheint es nun fraglich, ob die Grundsätze, die das Bundesverfassungsgericht für die Programmzeitschriften öffentlich-rechtlicher Rundfunkanstalten entwickelt hat, auf deren Online-Aktivitäten übertragen werden können. Angesichts der Tatsache, dass das Bundesverfassungsgericht die Zulässigkeit der Programmzeitschriften insbesondere wegen deren Zweck, der Unterstützung der klassischen Aufgaben des öffentlich-rechtlichen Rundfunks, bejaht hat, erscheint eine Übertragung auf die Online-Aktivitäten nahe liegend. Der Online-Auftritt der Deutschen Welle ist an deren zentralen Programmauftrag, die Veranstaltung von Hörfunk und Fernsehen, angelehnt. Dies wird bereits anhand der Struktur und der Aufmachung des Internetauftritts der Deutschen Welle deutlich. Die mediale Selbstdarstellung des öffentlich-rechtlichen Rundfunks im Internet kann ebenso wie die programmunterstützende Information im Internet, die einer elektronischen Programmzeitschrift entspricht, unter die Ausübung der Rundfunkfreiheit subsumiert werden.[90] Auf die körperliche Form der unterstützenden Tätigkeit kann es angesichts des an der Funktion der Rundfunkfreiheit orientierten Ansatzes des Bundesverfassungsgerichts nicht ankommen.[91] Die programmunterstützenden Online-Aktivitäten des öffentlich-rechtlichen Rundfunks sind damit unter dem Gesichtspunkt der unterstützenden Randbetätigung ein zulässiger Teil der Rundfunkfreiheit.

Die Zulässigkeit von Online-Angeboten als Rand- oder Nebentätigkeit wird durch einen weiteren Gesichtspunkt unterstützt. Die bereits erwähnte Entwicklungsgarantie für den öffentlich-rechtlichen Rundfunk gebietet es auch, diesem alle notwendigen Entwicklungsmöglichkeiten offen zu halten. Insbesondere darf der öffentlich-rechtliche Rundfunk von neuen Entwicklungen nicht vollkommen abgeschnitten werden. Dies spricht dafür, dass der öffent-

---

[89] Vgl. hierzu *Pieroth/Schlink*, Grundrechte, Staatsrecht II, Rdnr. 154 ff.
[90] So auch *Degenhart*, ZUM 1998, 333, 345.
[91] *Ricker*, ZUM 2001, 28, 32.

lich-rechtliche Rundfunk sich bereits jetzt im Internet präsent zeigen und positionieren muss. Nur durch ein frühzeitiges Engagement im Online-Bereich kann verhindert werden, dass entscheidende Positionen im Internetmarkt, beispielsweise im Bereich der Information, durch private Anbieter besetzt werden und der öffentlich-rechtliche Rundfunk im Internet keinen Fuß mehr fassen kann, da sich die Nutzer bereits auf andere Anbieter eingestellt haben.

Aus dem Begriff der Randbetätigung lassen sich jedoch möglicherweise auch Grenzen für die Tätigkeit des öffentlich-rechtlichen Rundfunks im Online-Bereich ableiten. Wie die Bezeichnung schon sagt, darf die entsprechende Tätigkeit nur programmunterstützende Randbetätigung, nicht aber Haupttätigkeit sein. In dem Moment, in dem sich der öffentlich-rechtliche Rundfunk schwerpunktmäßig auf das Internet konzentriert und seinem Auftrag, der Veranstaltung von Rundfunk im klassischen Sinn, nicht mehr umfassend nachkommt, wird die zulässige Randbetätigung zur unzulässigen Haupttätigkeit. Eine aufwendige personelle und finanzielle Ausstattung eigener Online-Redaktionen spricht allerdings noch nicht gegen die Qualifikation als Randbetätigung, solange der Schwerpunkt der Tätigkeit auf der Veranstaltung von Rundfunk und damit auf dem klassischen Rundfunkauftrag liegt.

Für eine Verankerung der Online-Aktivitäten des öffentlich-rechtlichen Rundfunks ergeben sich damit aus dem verfassungsrechtlichen Rundfunkauftrag folgende Vorgaben: Das Online-Angebot ist in jedem Fall als Randbetätigung zulässig. Da es als solche jedoch dem Funktionsauftrag des Rundfunks, wie ihn das Bundesverfassungsgericht entwickelt hat, entsprechen muss, ist ein Programmbezug des Online-Angebotes auch erforderlich. Dieser Programmbezug ist in Anbetracht der Entwicklungsgarantie weit zu interpretieren. Er darf nicht dazu führen, dass der Deutschen Welle ein attraktiver Internetauftritt verschlossen bleibt. Vielmehr muss der öffentlich-rechtliche Rundfunk die Möglichkeit haben, seinen Internetauftritt in einer diesem Medium gerechten Form zu präsentieren. In den Einzelheiten wird sich die Abgrenzung zwischen zulässigem Internetauftritt mit ausreichendem Programmbezug und unzulässig ausgeweitetem Online-Angebot als schwierig erweisen. Der einfache Gesetzgeber hat hier jedoch innerhalb des aufgezeigten verfassungsrechtlichen Rahmens auch einen nicht unbeträchtlichen Gestaltungsspielraum.[92] Soweit also das Angebot von DW-world programmbegleitenden Charakter hat, also das Internet als Komplementärmedium genutzt wird, ist es ohne weiteres als Hilfstätigkeit zulässig. Dazu bedarf es nicht notwendig einer Ermächtigung im DWG. Diese wäre aber im Interesse der Rechtssicherheit und im Hinblick darauf zu begrüßen, dass es auch für die Landesrundfunkanstalten im ARD-Staatsvertrag und für das ZDF im ZDF-Staatsvertrag eine solche klarstellende Regelung gibt.[93]

4. Online-Dienste als Primärmedium und die besonderen Aufgaben der Deutschen Welle

Mit der Feststellung, dass sich die Deutsche Welle der Online-Dienste bedienen darf, wenn das Angebot programmbegleitenden Charakter hat, ist aber die Problematik keineswegs gelöst. Vielmehr erfordern es der besondere Charakter und das Wesen des Auslandsrundfunks, dass sich die Deutsche Welle in weit größerem Umfang der Online-Dienste bedient als die Landesrundfunkanstalten. Der besondere Programmauftrag der Deutschen Welle, der in § 4 DWG niedergelegt ist, macht es unumgänglich, dass sich die Deutsche Welle in Zukunft der Online-Dienste neben dem Hörfunk und dem Fernsehen als drittes Primärmedium bedient. Gemäß § 4 DWG sollen die Sendungen der Deutschen Welle den Rundfunkteilnehmern im Ausland ein umfassendes Bild des politischen, kulturellen und wirtschaftlichen Lebens in Deutschland vermitteln. Diesen besonderen Auftrag, der dem Auslandsrundfunk verbindlich vorgegeben ist, muss die Deutsche Welle im Rahmen der finanziellen Gegebenheiten möglichst optimal erfüllen. Dazu ist es auch und vor allem notwendig, dass das Programmangebot der Deutschen Welle die Zielgruppen der Deutschen Welle erreicht und erreichen kann. Der Programmauftrag kann inhaltlich also nur erfüllt und ausgefüllt werden, wenn der Transportweg zu den Zielgruppen zur Verfügung steht. Programmauftrag und Transportweg bilden

---

[92] Vgl. zum Gestaltungsspielraum des Landesgesetzgebers *BVerwG*, NVwZ 1997, 61, 63 f.
[93] So zu Recht auch *Niepalla*, Deutsche-Welle-Gesetz, Kommentar, § 3 Rdnr. 10.

demnach eine innere Einheit.[94] In den jeweiligen Zielgebieten, also in den unterschiedlichen Ländern, sind verschiedene Produkte und Transportwege notwendig, um Zuschauer und Zuhörer zu erreichen. Dies liegt nicht nur daran, dass die finanziellen Möglichkeiten naturgemäß begrenzt sind. Ein weiterer Grund liegt darin, dass nicht die ganze Welt in ihrer Sprachenvielfalt gleich bedient werden kann. Dies bedeutet einen entscheidenden Unterschied zum Inlandsrundfunk mit seinem besonderen Auftrag der Grundversorgung für die öffentlich-rechtlichen Anbieter, bei dem die Versorgung der Bevölkerung im Sendegebiet weder im Hinblick auf die technische Verbreitung, noch auf die Sprache und die kulturellen Besonderheiten spezifische Probleme aufweist. Dagegen stellt die Erreichbarkeit der Zielgruppen beim Auslandsrundfunk das entscheidende Problem, den prägenden Faktor dar. Diese Probleme werden im DWG teilweise angesprochen. In diesem Zusammenhang ist etwa auf § 3 Abs. 2 DWG zu verweisen, wonach die Sendungen sowohl in deutscher Sprache als auch in Fremdsprachen verbreitet werden. Auch die Bestimmung des § 12 DWG trägt dieser Problematik Rechnung, indem sie der Deutschen Welle gestattet, ausländischen Rundfunkveranstaltern die von ihr produzierten oder verbreiteten Sendungen im Ausland zur Verfügung zu stellen. Darüber hinaus ermöglicht § 13 DWG der Deutschen Welle, aus ihrem Programmbestand für ausländische Rundfunkveranstalter sendefertige deutsch- oder fremdsprachige Sendungen herzustellen. Schließlich hängt auch die Bestimmung des § 15 DWG, der die Sendetechnik regelt, mit der Frage zusammen, wie die Deutsche Welle ihr Publikum erreichen kann.

Gerade Online-Angebote ermöglichen es dem Auslandsrundfunk, mehr und mehr Endnutzer in der gesamten Welt mit seinen Programmangeboten zu erreichen. Das Internet stellt eine weltweite und kostengünstige Infrastruktur zur Verfügung, die von immer mehr Endnutzern herangezogen wird. Damit stellen die Online-Dienste eine ideale Ergänzung dar, die es der Deutschen Welle ermöglichen, den Nutzern auf diesem Weg ein umfassendes Bild des politischen, kulturellen und wirtschaftlichen Lebens in Deutschland zu vermitteln. Dazu genügt es in keiner Weise, die herkömmlichen Fernseh- und Hörfunksendungen auf diesem neuen Verbreitungsweg unverändert anzubie-

---

[94] So zutreffend *Niepalla*, Deutsche-Welle-Gesetz, Kommentar, § 3 Rdnr. 12.

ten. Vielmehr können die Nutzer der Online-Dienste nur dann wirksam erreicht werden, wenn es sich um einen eigenständigen medialen Auftritt handelt, der neben Hörfunk und Fernsehen steht. Bekanntermaßen erfordern Online-Angebote speziell für dieses Medium formulierte Texte, ein dem Medium entsprechendes Design und insgesamt eine Gestaltung der Inhalte und Präsentationsformen, die eine eigenständige redaktionelle Bearbeitung erfordern. Nur unter dieser Voraussetzung ist damit zu rechnen, dass die Angebote im Internet auch Beachtung finden. Dies macht es etwa notwendig, dass die in den Online-Bereichen der Rundfunkanstalt Tätigen, wie z.b. spezielle Online-Programmierer, Online-Redakteure und Web-Designer in besonderer Weise redaktionell-journalistische Fähigkeiten mit technischen Fertigkeiten und Kenntnissen kombinieren können und müssen. Zwar ist einzuräumen, dass im Zeitalter der Digitalisierung auch die in den Redaktionen von Hörfunk und Fernsehen tätigen Journalisten und Redakteure technische Kenntnisse in viel höherem Maße mitbringen müssen als früher. Jedoch gilt die Kombination aus Journalismus, Design und Technik weitaus mehr im Online-Bereich. Sind die Fertigkeiten nicht vorhanden und genügt das Angebot im Internet nicht den Notwendigkeiten eines eigenständigen medialen Auftritts, werden die Zielgruppen dieses Mediums nicht erreicht. Daher bedarf es im Bereich der Online-Dienste eigener redaktionell gestalteter Beiträge bzw. Web-Pages, die den Besonderheiten des Mediums gerecht werden. Unter dieser Voraussetzung sind Online-Dienste in der sich verändernden Medienwelt unabdingbar, um mit den Angeboten der Deutschen Welle im Ausland ein umfassendes Bild des politischen, kulturellen und wirtschaftlichen Lebens in Deutschland zu vermitteln.[95]

Aus alledem ergibt sich, dass beim Auslandsrundfunk die Ausübung und der Ausbau der Online-Aktivitäten als Haupttätigkeit wegen des besonderen Programmauftrags angezeigt und notwendig sind. Die Deutsche Welle wird mehr und mehr auf die Online-Dienste, insbesondere das Internet angewiesen sein, um ihre Zielgruppen im Ausland zu erreichen und diesen Zielgruppen ein umfassendes Bild des politischen, kulturellen und wirtschaftlichen Lebens in

---

[95] Vgl. zum Ganzen eingehend *Niepalla*, Deutsche-Welle-Gesetz, Kommentar, § 3 Rdnr. 14.

Deutschland auch auf diesem Wege zu vermitteln. Dazu sind eigenständige mediale Auftritte notwendig, die gleichwertig neben Hörfunk und Fernsehen stehen. Unter Berücksichtigung der gegenwärtigen Aufgabenbeschreibung und der Gedanken, die in § 15 Abs. 1 DWG zum Ausdruck kommen, wird man schon nach der geltenden Rechtslage vertreten müssen, dass die Deutsche Welle Online-Aktivitäten als Haupttätigkeit ausüben darf. Es ist aber – zumindest zur Klarstellung – angezeigt, bei der anstehenden Gesetzesnovellierung diese Frage ausdrücklich zu regeln. Dazu bietet es sich geradezu an, die Aufgabenbeschreibung in § 3 DWG zu erweitern. Bereits aus den vorstehenden Überlegungen ergibt sich, dass eine entsprechende Ermächtigung zur Veranstaltung von Online-Diensten nicht dahingehend eingeschränkt werden darf, dass sie sich lediglich auf vorwiegend programmbezogene Inhalte erstreckt. Vielmehr sind der Deutschen Welle wegen ihres besonderen Programmauftrags Online-Aktivitäten als Haupttätigkeit im Sinne eines Primärmediums zu gestatten. Daher sollte § 3 DWG wie folgt gefasst werden:

§ 3

Aufgabe

(1) *Die Deutsche Welle veranstaltet Rundfunk (Hörfunk und Fernsehen) für das Ausland und bietet an die Allgemeinheit gerichtete Informations- und Kommunikationsdienste (Mediendienste) in Text, Bild und Ton an. Zu dem letztgenannten Zweck nutzt sie das Internet oder vergleichbare Netze.*

VI. Die Finanzierung der Deutschen Welle

1. Der Anspruch auf funktionsgerechte Finanzausstattung

Die Deutsche Welle besitzt als öffentlich-rechtliche Rundfunkanstalt und Trägerin der Rundfunkfreiheit des Art. 5 Abs. 1 GG einen verfassungsrechtlichen Anspruch auf funktionsangemessene Finanzierung.[96] Das Bundesverfas-

---

[96] Vgl. zum Folgenden *Dörr*, Die verfassungsrechtliche Stellung der Deutschen Welle, 58 ff.; *Hartstein*, Die Finanzierungsgarantie des Bundes für die Deutsche Welle, 63 ff.

sungsgericht erkennt dem öffentlich-rechtlichen Rundfunk schon seit längerem einen Anspruch auf aufgabengerechte Finanzausstattung zu.[97] Dieser Anspruch spiegelt sich einfachgesetzlich in § 44 DWG wider.

Was unter diesem Anspruch zu verstehen ist, hat das Bundesverfassungsgericht bereits im so genannten Hessen-3-Beschluss[98] näher erläutert. Unter Hinweis auf seine frühere Rechtsprechung betont der Senat, dass dem öffentlich-rechtlichen Rundfunk die Finanzierung derjenigen Programme zu ermöglichen ist, deren Veranstaltung ihren spezifischen Funktionen nicht bloß entspricht, sondern auch zur Wahrnehmung dieser Funktionen erforderlich ist. Das Kriterium der „Erforderlichkeit" wird vom Gericht zur Lösung eines Dilemmas angeboten. Dieses Dilemma besteht darin, dass das zur Funktionserfüllung Notwendige einerseits nicht von den Rundfunkanstalten allein bestimmt werden kann. Sie bieten nach Ansicht des Senats keine hinreichende Gewähr dafür, dass sie sich bei der Mittelanforderung im Rahmen des Funktionsnotwendigen halten. Aber auch dem gesetzgeberischen Gutdünken könne es andererseits nicht überlassen werden zu bestimmen, welche Mittel den Rundfunkanstalten zur Erfüllung ihrer Aufgabe bereitgestellt würden. Dies verbietet der enge Zusammenhang zwischen Programmfreiheit, Staatsfreiheit und Finanzausstattung. Denn sonst könne der Gesetzgeber Verfassungsrecht, das einem unmittelbaren Verbot von Rundfunkprogrammen bzw. einem unmittelbaren staatlichen Einfluss auf Programme entgegenstehe, dadurch umgehen, dass er mittelbar durch Entzug oder Beschränkung von Finanzierungsmöglichkeiten dasselbe Ergebnis erreiche.

Das Kriterium der Erforderlichkeit begrenzt den öffentlich-rechtlichen Rundfunk also nicht auf ein bestimmtes extern festgelegtes Mindestangebot, sondern versucht seiner grundrechtlich gesicherten Freiheit bei der Funktionserfüllung Rechnung zu tragen. Es erlaubt nach Ansicht des Senats einen angemessenen Ausgleich zwischen der Programmautonomie der Rundfunkanstalten und den vom Gesetzgeber wahrzunehmenden finanziellen Interessen der Allgemeinheit.

---

[97] Vgl. *BVerfGE* 73, 118, 158; 83, 238, 298.
[98] *BVerfGE* 87, 181.

Allerdings verkennt der Senat, wie er selber einräumt, nicht, dass sich die zur Entscheidung von Finanzfragen erstrebenswerte Quantifizierung aus dem Erforderlichkeitskriterium nicht stringent ableiten lässt. Dieses Kriterium erlaubt lediglich Eingrenzungen.

Die finanzielle Gewährleistungspflicht erfasst das zur Wahrung der Funktion „Erforderliche". Bezugsgröße ist dabei das gesamte Programm der Rundfunkanstalt. Es ist Angelegenheit der Rundfunkanstalt selbst, wie sie die verfügbaren Mittel im Rahmen der gesetzlichen Bestimmungen auf einzelne Programmsparten verteilt. Zusätzliche Finanzierungsansprüche können daraus nicht abgeleitet werden.

Trotz dieser Anhaltspunkte bleibt der Bestimmtheitsgrad der aus Art. 5 Abs. 1 Satz 2 GG folgenden Grundsätze für die Finanzierung der öffentlich-rechtlichen Rundfunkanstalten verhältnismäßig gering. Daher verlangt das Grundrecht, dass zum Ausgleich ein Verfahren der Entscheidungsfindung eingerichtet wird, das ein möglichst grundrechtskonformes Ergebnis gewährleistet. Hierzu hat das Bundesverfassungsgericht in seinem Gebührenurteil[99] grundlegende Weichenstellungen vorgenommen, die auch für die Finanzierung der Deutschen Welle von entscheidender Bedeutung sind.

Für die Deutsche Welle folgt daraus zunächst, dass Bezugsgröße für ihre Finanzausstattung die ihr gesetzlich zuerkannten Aufgaben sind. Die Deutsche Welle ist also finanziell so auszustatten, wie es zur Wahrung ihrer gesetzlich vorgesehenen Funktionen „erforderlich" ist. In diesem Zusammenhang kommt es nicht darauf an, inwieweit die Deutsche Welle über eine Bestands- und Entwicklungsgarantie verfügt. Denn jedenfalls hat die Deutsche Welle so lange einen Anspruch auf aufgabengerechte Finanzausstattung als sie besteht. Dieser Anspruch richtet sich gegen das Muttergemeinwesen, das die Anstalt trägt.[100] Zudem zielt der Finanzgewährleistungsanspruch nur auf eine funktionsgerechte Finanzausstattung, nicht auf bestimmte Modalitäten. Er richtet sich im Fall der Deutschen Welle also gegen den Bund. Es besteht ein breiter Gestaltungsspielraum des Bundes, auf welche Weise eine funktionsgerechte

---

[99] Vgl. *BVerfGE* 90, 60.
[100] Vgl. dazu *Hartstein/Ring/Kreile/Dörr/Stettner*, Rundfunkstaatsvertrag, § 11 Rdnr. 10.

Finanzausstattung herbeigeführt wird. Es ist kein bestimmtes Finanzierungssystem vorgegeben, im innerstaatlichen Bereich hat das Bundesverfassungsgericht lediglich klar gestellt, dass eine Mischfinanzierung ein geeignetes Mittel darstellt, um die aufgabengerechte Finanzausstattung zu erreichen.[101] Der Anspruch auf funktionsangemessene Finanzierung bedeutet für den Bund die Pflicht zur Finanzierung von Hörfunk, Fernsehen und Online-Angeboten der Deutschen Welle.

2. Das Gebührenurteil des Bundesverfassungsgerichts und seine Bedeutung für die Finanzierung der Deutschen Welle

In seinem Gebührenurteil[102] hat das Bundesverfassungsgericht herausgearbeitet, wie bedeutsam das Verfahren ist, welches zu der funktionsgerechten Finanzausstattung der Rundfunkanstalten führen soll. Die Gründe dafür liegen auf der Hand. Aus der Rundfunkfreiheit folgen die Programmautonomie der jeweiligen Anstalt und ihre Staatsferne. Die Programmautonomie gewährleistet, dass Auswahl, Inhalt und Gestaltung der Programme Sache der Rundfunkanstalten bleiben und sich an publizistischen Kriterien ausrichten können. Insofern verbietet sich, wie das Bundesverfassungsgericht im Gebührenurteil unmissverständlich darlegt, eine Indienstnahme des Rundfunks für außerpublizistische Zwecke; dies gelte nicht nur für unmittelbare Einflussnahme Dritter auf das Programm, sondern auch für die Einflüsse, welche die Programmfreiheit mittelbar beeinträchtigen könnten. Deutlich verweist das Bundesverfassungsgericht insoweit auf die Gefahren der möglichen Einflussnahme, zu der die staatlichen Organe bei der Festsetzung der Finanzausstattung in der Lage seien.

Nach Auffassung des Gerichts ist die staatliche Möglichkeit, im Rahmen der Finanzausstattung Einfluss auf das Programm zu nehmen, augenfällig. Es geht dem Gericht daher darum, Vorkehrungen gegen diese Gefahren zu treffen. Die Rundfunkfinanzierung soll damit strikt an den Zweck gebunden werden, den öffentlich-rechtlichen Rundfunk in den Stand zu setzen, die zur Er-

---

[101] Vgl. *BVerfGE* 74, 297, 342; 83, 238, 310 f.
[102] Vgl. *BVerfGE* 90, 60, 90 ff.

füllung seiner Funktionen erforderlichen Programme zu verwirklichen. Die Festsetzung der Finanzausstattung darf deshalb nach Auffassung des Bundesverfassungsgerichts weder direkt noch indirekt zu Zwecken der Programmlenkung oder der Gestaltung der Rundfunkordnung benutzt werden.

Damit ist nicht etwa gesagt, dass dem Gesetzgeber medienpolitische oder programmleitende Entscheidungen verfassungsrechtlich überhaupt versagt werden. Bei der Regelung der medienpolitischen Rahmenbedingungen verfügt der Gesetzgeber durchaus über einen breiten Gestaltungsspielraum. Für Zwecke dieser Art ist er aber auf die allgemeine (Rundfunk-) Gesetzgebung verwiesen. Er hat nicht das Recht, rundfunkpolitische Ziele mit dem Mittel der Finanzausstattung zu verfolgen.

Ausgehend von diesen Grundsätzen kommt das Bundesverfassungsgericht zu dem Ergebnis, dass das Finanzausstattungsverfahren so ausgestaltet sein muss, dass es der jeweiligen Rundfunkanstalt hinreichend die zur Erfüllung des Rundfunkauftrages erforderlichen finanziellen Mittel sichere. Zudem müsse eine mögliche Einflussnahme des Staates auf die Programmgestaltung der Rundfunkanstalten im Hinblick auf die vorgegebene Programmautonomie und den Grundsatz der Staatsferne wirksam ausgeschlossen sein.

Nachfolgend erläutert das Gericht, wie ein Gebührenfestsetzungsverfahren, das zur funktionsgerechten Finanzausstattung der Landesrundfunkanstalten dient, im einzelnen ausgestaltet werden kann, um diesen Grundsätzen gerecht zu werden.[103]

Diese Ausführungen sind, soweit sie speziell die Gebührenfrage betreffen, auf die Deutsche Welle nicht übertragbar. Die Finanzierung der Deutschen Welle erfolgt gerade nicht aus Rundfunkgebühren, sondern aus Steuergeldern mittels eines staatlichen Zuschusses. Dies ist auch sachgerecht. Wie das Bundesverfassungsgericht zu Recht betont hat, sind die Rundfunkgebühren auf die Gesamtveranstaltung Rundfunk in Deutschland ausgerichtet. Unabhängig von

---

[103] Vgl. dazu im einzelnen *Hartstein/Ring/Kreile/Dörr/Stettner*, Rundfunkstaatsvertrag, § 13 Rdnr. 17 ff.

der Frage nach der Rechtsnatur der Rundfunkgebühr[104] scheidet dieses Finanzierungsmittel für den Auslandsrundfunk schon aus diesem Grunde aus. Außerdem ist die Rundfunkgebühr eine gewisse Gegenleistung dafür, dass dem Bürger die Gesamtveranstaltung öffentlich-rechtlicher Rundfunk in Deutschland zur Verfügung gestellt wird.

Dagegen sind die grundlegenden Aussagen des Bundesverfassungsgerichts zur notwendigen staatsfernen Finanzierung, die der Programmautonomie Rechnung zu tragen hat, durchaus für die Finanzausstattung der Deutschen Welle heranzuziehen. Dies betrifft bei der Deutschen Welle anstelle der Rundfunkgebühren vor allem den staatlichen Zuschuss des Bundes. Neben diesem staatlichen Zuschuss können zwar auch andere Finanzierungsformen - wie bei den Landesrundfunkanstalten - vorgesehen werden. Nach der Rechtsprechung des Bundesverfassungsgerichts ist es aber ausgeschlossen, öffentlich-rechtliche Rundfunkanstalten vorrangig auf die Werbefinanzierung zu verweisen. Die Werbefinanzierung birgt nämlich stets die Gefahr in sich, den Rundfunk in die alleinige Abhängigkeit von Einschaltquoten zu bringen.[105] Eine Mischfinanzierung ist zwar grundsätzlich geeignet, öffentlich-rechtliche Rundfunkanstalten vor einseitigen Abhängigkeiten zu bewahren. Bei der Deutschen Welle kommt dieser Gedanke allerdings nicht zum Zuge, da die Rahmenbedingungen für Einnahmen aus Werbung und Sponsoring bei der Deutschen Welle als Auslandsrundfunkanstalt schwierig sind und sich keine nennenswerten Einnahmen aus diesem Bereich erzielen lassen.[106] Daher ist eine Mischfinanzierung nicht geeignet, eine funktionsgerechte Finanzausstattung der Deutschen Welle herzustellen.

Zusammenfassend ist festzuhalten, dass die Deutsche Welle einen Anspruch auf funktionsgerechte Finanzierung hat. Ihr sind die Finanzmittel zur Verfügung zu stellen, die es ihr ermöglichen, diejenigen Programme zu veranstalten, die zur Erfüllung ihrer Funktionen erforderlich sind. Dabei ist das Verfahren zur Bemessung des Zuschusses so auszugestalten, dass es dem Grund-

---

[104] Vgl. dazu *Hartstein/Ring/Kreile/Dörr/Stettner*, Rundfunkstaatsvertrag, § 12 Rdnr. 9 m.w.Nachw.

[105] *BVerfGE* 83, 238, 310 f.

[106] Vgl. hierzu *Niepalla*, Deutsche-Welle-Gesetz, Kommentar, 2003, § 10 Rdnr. 4 f.

satz der Programmautonomie und dem Gebot der Staatsferne möglichst weitgehend gerecht wird.

3. Das Verfahren zur Bemessung des Bundeszuschusses

a) Die Vorgaben des Bundesverfassungsgerichts für das Gebührenfestsetzungsverfahren

Die Vorgaben, die das Bundesverfassungsgericht für ein solches Verfahren entwickelt hat, sind aus sich heraus nur verständlich und in ihren Ergebnissen handhabbar, wenn man das vom Bundesverfassungsgericht deutlich hervorgehobene Dilemma bei der Ermittlung des Finanzbedarfs einer öffentlich-rechtlichen Rundfunkanstalt mit berücksichtigt.

Dieses Dilemma besteht darin, dass die Rundfunkanstalten in der Art und Weise der Funktionserfüllung grundsätzlich frei sind. Die Bestimmung dessen, was die verfassungsrechtlich vorgegebene und gesetzlich näher umschriebene Funktion publizistisch erfordert, steht ihnen selbst zu. In ihrer Entscheidung über die als nötig angesehenen Inhalte und Formen der Programme liegt auch die Entscheidung über Anzahl, Umfang und Zeitdauer der Programme.

Andererseits geht es nicht an, jede Programmentscheidung einer Rundfunkanstalt finanziell zu honorieren. Die Deutsche Welle hat dafür zu sorgen, dass ein ihrer Aufgabe und ihrem Auftrag entsprechender Rundfunk für das Ausland angeboten wird. Auf die Verwirklichung von Programmen, die für diese Funktion nicht erforderlich sind, hat sie von Verfassung wegen hingegen keinen Anspruch. Vielmehr ist die Heranziehung der Steuerzahler nur in dem Maße gerechtfertigt, das zur Funktionserfüllung geboten ist.

In seiner Gebührenentscheidung betont der 1. Senat anknüpfend an die in der Hessen 3-Entscheidung[107] enthaltene Formel, dass der Gesetzgeber den Rundfunkanstalten die Finanzierung derjenigen Programme ermöglichen müsse,

---

[107] *BVerfGE* 87, 181.

deren Veranstaltung ihrer spezifischen Funktion nicht nur entspricht, sondern auch zur Wahrung dieser Funktion erforderlich ist. Mit dieser Formel ist ein angemessener Ausgleich zwischen der grundrechtlich gesicherten Programmautonomie und den vom Gesetzgeber wahrzunehmenden schutzwürdigen Interessen der Gebührenzahler, im Fall der Deutschen Welle der Steuerzahler, erreicht.

Die Entscheidung über die Höhe der Finanzausstattung ist dabei keine freie, sondern eine gebundene Entscheidung. Auch lassen sich die vom Bundesverfassungsgericht entwickelten Kriterien – Programmautonomie einerseits und schutzwürdige Interessen der Rundfunkteilnehmer andererseits – nicht weiter materiell-rechtlich konkretisieren. Darin besteht ein strukturell bedingtes Dilemma. Um dieses Dilemma aufzulösen, muss eine Verfahrensstruktur bereitgestellt werden, die schon an den Gefahrenquellen ansetzt und die Möglichkeit rechtswidriger Einflussnahmen soweit als möglich ausschließt. Das Bundesverfassungsgericht knüpft also an dem in anderen Zusammenhängen schon mehrfach nutzbar gemachten Gedanken des Grundrechtsschutzes durch Verfahren an.

Anschließend hat es ein Modell entwickelt, das nach seiner Auffassung mit der Rundfunkfreiheit in Einklang steht und daher in besonderer Weise geeignet ist, den verfassungsrechtlichen Anforderungen gerecht zu werden. Dieses Modell wird von ihm selbst als ein gestuftes und kooperatives Verfahren bezeichnet. Die Eckpfeiler dieses dreistufigen Verfahrens, die nunmehr die Grundlage für die Gebührenfestsetzung bilden, können wie folgt beschrieben werden:

Die Gebührenentscheidung, also bei der Deutschen Welle die Entscheidung über die Höhe des Zuschusses, muss an der Bedarfsanmeldung der Rundfunkanstalten anknüpfen. Dies beruht darauf, dass der Finanzausstattung die Programmentscheidungen der Rundfunkanstalten zugrunde zu legen sind. Allerdings müssen sich die Programmentscheidungen innerhalb des verfassungsrechtlich vorgezeichneten und gesetzlich konkretisierten Rundfunkauftrags bewegen und unter Beachtung der Grundsätze der Wirtschaftlichkeit und Sparsamkeit umgesetzt werden. Diese Programmentscheidungen und die darauf gestützten Bedarfsanmeldungen der jeweiligen Rundfunkanstalten dürfen im nachfolgenden Verfahren weder übergangen noch finanziell ignoriert werden.

Auf der zweiten Stufe des Gebührenfestsetzungsverfahrens ist eine Überprüfung der Bedarfsanmeldungen grundsätzlich möglich und geboten. Allerdings darf sich die Kontrolle nach den Vorgaben des 1. Senats nicht auf die Vernünftigkeit und Zweckmäßigkeit der Programmentscheidungen beziehen, sondern allein darauf, ob sie sich im Rahmen des rechtlich umgrenzten Rundfunkauftrags halten und ob der aus den Programmentscheidungen abgeleitete Finanzbedarf zutreffend und in Einklang mit den Grundsätzen von Wirtschaftlichkeit und Sparsamkeit ermittelt worden ist. Bei dieser Kontrolle handelt es sich also nicht um eine politische, sondern um eine fachliche Aufgabe. Daher hat die Kontrolle durch ein Fachgremium stattzufinden, das nicht nur rundfunk-, sondern auch politikfrei zusammengesetzt werden muss. Die rundfunk- und politikfreie Zusammensetzung dieses neuen Gremiums, der heutigen KEF für Landesrundfunkanstalten und das ZDF, schließt eine Mitwirkung des öffentlich-rechtlichen Rundfunks wie auch der Länder an der Bestellung der Kommissionsmitglieder nicht aus. Die Sachverständigen müssen sich aber durch Fachkompetenz, Neutralität und Objektivität auszeichnen. Mitglieder der Landesrechnungshöfe sind im Gegensatz zu Vertretern der Staatskanzleien nicht von vornherein ausgeschlossen, wie das Bundesverfassungsgericht ausdrücklich betont hat. Die Überprüfung der Kommission endet mit einem festgestellten Finanzbedarf, der in einen konkreten Gebührenvorschlag, im Fall der Deutschen Welle einen konkreten Vorschlag zur Höhe des Zuschusses, mündet.

Auf der dritten Stufe ist nach Auffassung des Bundesverfassungsgerichts die Gebührenentscheidung nach Maßgabe dieses überprüften Finanzbedarfs und des daraus abgeleiteten konkreten Gebührenvorschlags zu treffen. Wie diese Entscheidung gefällt wird, ist wiederum Sache gesetzlicher Regelung. Das Bundesverfassungsgericht hat allerdings nachdrücklich betont, dass Abweichungen von der Bedarfsfeststellung nur in begründeten Ausnahmefällen zulässig sind. Dabei erschöpfen sich die Abweichungsgründe in den Gesichtspunkten des Informationszugangs und der angemessenen Belastung der Rundfunkteilnehmer. Im Falle einer Abweichung zu Lasten der Rundfunkanstalten muss die Entscheidung dann im Einzelnen begründet werden. Insoweit bejaht das Bundesverfassungsgericht auch eine Überprüfbarkeit einer von dem Vorschlag KEF abweichenden Entscheidung über die Gebührenhöhe.

b) Konsequenzen für die Festsetzung des Bundeszuschusses

aa) *Die Bedarfsanmeldung der Deutschen Welle durch die Aufgabenplanung*

Zunächst ist eine Bedarfsanmeldung der Deutschen Welle notwendig, um die Höhe des Zuschusses, den der Bund zur Verfügung stellt, ermitteln zu können. Als Basis dafür bietet sich die von der Deutschen Welle nach § 46 Abs. 3 DWG selbst zu erstellende Aufgabenplanung an. Dies ist auch deshalb nahe liegend, weil eine genauere gesetzliche Aufgabenkonkretisierung ausscheidet. Es muss aber sichergestellt sein, dass sich der angemeldete Finanzbedarf an den durch die Aufgabenplanung konkretisierten Aufgaben orientiert, die der Deutschen Welle übertragen sind, auch um einen Ausgleich zwischen den Interessen des Bundes als Hauptfinanzier und damit den Interessen der Steuerzahler sowie der aus der Rundfunkfreiheit folgenden Programmautonomie der Deutschen Welle und den Kompetenzen ihrer Selbstverwaltungsorgane herbeizuführen.

Bisherige Grundlage für die Aufgabenplanung der Deutschen Welle ist § 46 Abs. 3 DWG. Nach dieser Bestimmung verabschiedet die Deutsche Welle eine Aufgabenplanung, aus der sich insbesondere die Programmleistungen der Deutschen Welle, vorgesehene Änderungen im Programmbereich sowie die Entwicklung der Investitionskosten für einen Zeitraum der nächsten drei Jahre ergeben. Bei der Aufgabenplanung sind die finanziellen Möglichkeiten nach § 45 Abs. 1 zu berücksichtigen. Die Deutsche Welle leitet die beschlossene Aufgabenplanung unverzüglich der Bundesregierung, dem Deutschen Bundestag und dem Bundesrechnungshof zu. Wenn die Aufgabenplanung als Grundlage für die Anmeldung des Finanzbedarfs dienen soll, muss diese gesetzliche Grundlage verändert werden. Dabei muss man sich zunächst vor Augen halten, dass die Funktion der Deutschen Welle im unmittelbaren Zusammenhang mit dem Verfassungsauftrag zur internationalen Zusammenarbeit und zur europäischen Integration steht. Damit sind die Aufgaben der Deutschen Welle auch eng mit dem weit zu verstehenden Kulturauftrag des

Grundgesetzes verbunden. Gerade im Hinblick auf die Weite dieser Aufgaben ist es notwendig, dass bei der Aufgabenkonkretisierung im Rahmen der Aufgabenplanung Anregungen, Bedenken und Hinweise von Parlament und Bundesregierung einfließen können.

Dies ändert aber nichts daran, dass über die Aufgabenplanung die Selbstverwaltungsorgane der Deutschen Welle zu entscheiden haben. Dies folgt zwingend aus der Rundfunkfreiheit und der daraus resultierenden Programmautonomie. Zudem wird die Öffentlichkeit in der Deutschen Welle durch die im Rundfunkrat vertretenen gesellschaftlich relevanten Gruppen repräsentiert. Im Rundfunkrat sind auch der Bundestag, der Bundesrat und die Bundesregierung mit sieben von siebzehn Mitgliedern vertreten. Diese vergleichsweise hohe Repräsentanz ist verfassungsrechtlich nicht zu beanstanden, da die dem Staat zuzurechnenden Vertreter keine einheitliche und homogene Gruppe bilden. Hinzu kommt, dass bei den übrigen Vertretern im Rundfunkrat der Deutschen Welle die politischen Parteien nicht berücksichtigt werden. Schließlich sind die Vertreter von Bundesrat, Bundestag und Bundesregierung unterschiedlichen Hoheitsträgern zuzurechnen, so dass nicht von einem Block ausgegangen werden kann. Des ungeachtet sind aber Bundestag, Bundesrat und Bundesregierung durchaus in der Lage, durch ihre Vertreter im Rundfunkrat Vorstellungen in die von ihm zu beschließende Aufgabenplanung der Deutschen Welle einzubringen.

Trotzdem bleibt es im Hinblick auf die Festlegung des Bundeszuschusses, der sich an der Aufgabenplanung orientieren muss, sinnvoll, dass Bundesregierung und Bundestag sich schon vorher inhaltlich zu den Aufgaben äußern und Hinweise sowie Anregungen übermitteln können, die z.B. der Einsparung von Finanzmitteln dienen oder auch wegen der weltpolitischen Lage bedeutsam sind. Auch der Bundesrechnungshof kann wertvolle Anregungen unter Finanzeinsparungsgesichtspunkten geben und damit zu einer sachgerechten Aufgabenplanung beitragen. Daher ist es notwendig, ein geordnetes und sinnvolles Verfahren zu entwickeln, das einerseits der Rundfunkfreiheit, der daraus resultierenden Programmautonomie und dem Selbstverwaltungsrecht der Deutschen Welle Rechnung trägt, also das Letztentscheidungsrecht der Deutschen Welle über die Aufgabenplanung beachtet, andererseits aber eine zweckmäßige Aufgabenabstimmung und letztlich eine Aufgabenplanung gewährleistet, die allen Gesichtspunkten Rechnung trägt.

Gerade bei der Deutschen Welle ist die Aufgabenplanung von zentraler Bedeutung. Dies hängt mit dem umfassenden Auslandsauftrag zusammen. Es ist nämlich undenkbar, dass die deutsche Auslandsrundfunkanstalt sämtliche programmlichen Bedürfnisse der ganzen Welt erfüllen und für die ganze Welt ein umfassendes Bild des politischen, kulturellen und wirtschaftlichen Lebens in Deutschland tatsächlich vermittelt. Vielmehr ist eine Auswahl der Sprachdienste und eine Festlegung von bestimmten Programminhalten vorzunehmen, die sich stark an weltpolitischen Aspekten, an dem Bestehen regionaler oder globaler Krisensituationen und an besonderem Erklärungsbedarf, was Deutschland und die Situation der Deutschen in der Welt betrifft, orientieren. Bei dieser Auswahl und Schwerpunktsetzung sind auch Aspekte der deutschen Außenpolitik und die Meinungsbildung innerhalb des deutschen Parlaments wichtig. Daher muss die Aufgabenfestlegung in einer Weise erfolgen, die diese Meinungsbildung in Regierung und Parlament berücksichtigt und der weltpolitischen Lage in einer staatsunabhängigen und der Rundfunkfreiheit entsprechenden Weise Rechnung trägt.[108]

Um diesen Aspekten gerecht zu werden, ist die Aufgabenplanung bei der Deutschen Welle zu verändern. Da die Aufgabenplanung die entscheidende Grundlage für den von der Deutschen Welle anzumeldenden Finanzbedarf bilden muss, ist sie für einen mittelfristigen Planungszeitraum vorzunehmen. Dabei ist es angemessen und sachgerecht, sich an dem Zeitraum zu orientieren, der auch für die Landesrundfunkanstalten und das ZDF vorgesehen ist, also an einer Gebührenperiode von vier Jahren. Es bietet sich demnach an, für die Aufgabenplanung einen Zeitraum von vier Jahren vorzusehen.

Zudem ist bei dem Verfahren zu Verabschiedung der Aufgabenplanung dafür zu sorgen, dass Anregungen und Hinweise von Regierung, Parlament und Bundesrechnungshof bei der endgültigen Verabschiedung berücksichtigt werden können. Demnach ist vorzusehen, dass der Entwurf der Aufgabenplanung

---

[108] Vgl. hierzu *Hartstein*, Die Finanzierungsgarantie des Bundes für die Deutsche Welle, 108 ff.

unverzüglich der Bundesregierung, dem Deutschen Bundestag und dem Bundesrechnungshof zur Stellungnahme zugeleitet wird. Aus der Aufgabenplanung müssen sich die Programmleistungen der Deutschen Welle, die vorgesehenen Änderungen im Programmbereich sowie die vorgesehenen Investitionen und der gesamte Finanzbedarf, den diese Aufgabenplanung zur Folge hat, ergeben. Die Stellungnahmen von Regierung und Parlament dürfen sich auf die Grundlinien der Aufgabenplanung beziehen, also beispielsweise auf die Frage der Eröffnung neuer Sprachdienste, der Ausweitung von Sprachdiensten, der Erreichung von Verbreitungsgebieten oder der verstärkten Zusammenarbeit mit ARD und ZDF sowie anderen supranationalen Rundfunkveranstaltern. Dabei ist aber stets zu beachten, dass die Stellungnahmen von Regierung, Parlament und Bundesrechnungshof lediglich Hinweise sind, aber keineswegs bindende Festlegungen enthalten dürfen. Sie dürfen auch nicht so formuliert und damit so empfunden werden. Ansonsten läge ein Eingriff in die Rundfunkfreiheit und die daraus folgende Autonomie der Deutschen Welle vor. Insbesondere würden die Kompetenzen der Selbstverwaltungsgremien der Deutschen Welle beeinträchtigt, in denen schließlich auch Regierungs- und Parlamentsvertreter beteiligt sind. Auf der anderen Seite ist die Deutsche Welle verpflichtet, sich mit den Hinweisen von Regierung, Parlament und Bundesrechnungshof auseinanderzusetzen. Sie müssen bei der Beschlussfassung in den Selbstverwaltungsgremien berücksichtigt werden, und in der Begründung zur Aufgabenplanung muss dargelegt werden, warum von entsprechenden Hinweisen und Empfehlungen abgewichen wurde. Beschlossen wird die Aufgabenplanung vom Rundfunkrat der Deutschen Welle.

Durch ein solches Verfahren[109] wird sichergestellt, dass eine allen Aspekten Rechnung tragende konkretisierte Aufgabenfestlegung erfolgt, die eine geeignete Grundlage für die Festlegung des Bundeszuschusses bildet. Demnach ist § 46 Abs. 3 wie folgt zu fassen:

(3) Die Deutsche Welle entwirft eine Aufgabenplanung, aus der sich insbesondere die Programmleistung der Deutschen Welle, vorgesehene Änderungen im Programmbereich, die vorgesehenen Investitionen sowie

---

[109] Vgl. dazu eingehend *Hartstein*, Die Finanzierungsgarantie des Bundes für die Deutsche Welle, 112 ff.

der daraus resultierende Finanzbedarf für einen Zeitraum der nächsten vier Jahre ergeben. Der Entwurf wird vom Intendanten mit Zustimmung des Rundfunkrates und des Verwaltungsrates erstellt. Die Deutsche Welle leitet den Entwurf unverzüglich der Bundesregierung, dem Deutschen Bundestag und dem Bundesrechnungshof zur Stellungnahme zu. Die Stellungnahmen sind innerhalb von drei Monaten abzugeben. Anschließend wird die Aufgabenplanung vom Rundfunkrat und dem Verwaltungsrat der Deutschen Welle unter Berücksichtigung der Stellungnahmen beschlossen. Abweichungen von den in den Stellungnahmen gegebenen Anregungen und Hinweisen sind zu begründen.

bb) Die Überprüfung und Festlegung des Finanzbedarfs durch eine unabhängige Kommission

Die Höhe des vom Bund nach § 45 DWG zu gewährenden Zuschusses muss künftig durch eine unabhängige Kommission vorgeschlagen werden, wie sie etwa die Kommission zur Überprüfung und Ermittlung des Finanzbedarfs der Rundfunkanstalten (KEF) für die sonstigen öffentlich-rechtlichen Rundfunkanstalten darstellt. Hierfür muss entweder eine eigene Kommission geschaffen oder die Aufgabe der bestehenden KEF übertragen werden. Diese Kommission hat eine Überprüfung des zusammen mit der Aufgabenplanung festgelegten Finanzbedarfs vorzunehmen. Dabei darf sich die Kontrolle nicht auf die Vernünftigkeit und Zweckmäßigkeit der Programmentscheidungen der Deutschen Welle beziehen, sondern allein darauf, ob sie sich im Rahmen des rechtlich umgrenzten Auftrages der Deutschen Welle halten, wie er in der Aufgabenplanung weiter konkretisiert worden ist. Zudem muss die Kommission vor allem überprüfen, ob der aus den Programmentscheidungen abgeleitete Finanzbedarf zutreffend und in Einklang mit den Grundsätzen von Wirtschaftlichkeit und Sparsamkeit ermittelt worden ist. Bei dieser Kontrolle handelt es sich, wie bereits dargestellt wurde, nicht um eine politische, sondern um eine fachliche Aufgabe. Daher muss die Kontrolle durch ein Fachgremium erfolgen, das nicht nur rundfunk- sondern auch politikfrei zusammengesetzt ist. Mitglieder der Rechnungshöfe sind dabei nicht von vornherein ausgeschlossen. Die Unabhängigkeit dieser Kommission muss gesetzlich gewährleistet werden. Insbesondere die Zusammensetzung der Kommission ist vom Gesetzgeber zu regeln. Die Überprüfung der Kommission endet mit einem festgestellten Finanzbedarf, der in einen konkreten Vorschlag zur Höhe des vom Bund für den Zeitraum von vier Jahren zu gewährenden Zuschusses mündet. Wegen der Rundfunkfreiheit und der Programmautonomie ist es unabdingbar, dass sich der Bund bei der Festlegung des Bundeszuschusses einer solchen unabhängigen Kommission bedienen muss. Dies folgt aus der Geltung der Rundfunkfreiheit für die Deutsche Welle, dem daraus resultierenden Anspruch auf bedarfsgerechte Finanzierung und dem aus der Rundfunkfreiheit resultierenden Gebot der Staatsferne.[110] Dabei steht es dem Bund allerdings frei, selbst eine derartige Kommission einzurichten oder sich auf der Basis einer eventuell staatsvertraglichen Vereinbarung mit den Ländern am Verfahren der KEF zu beteiligen. Wegen des besonderen Auftrages der Deutschen Welle erscheint es durchaus sachgerecht, eine eigenständige Kommission einzurichten, dabei allerdings auf den Sachverstand der KEF zurückzugreifen. Diese Kommission könnte wegen des gegenüber der KEF begrenzten Auftrages deutlich weniger Mitglieder umfassen.

Im Hinblick auf diese Erfordernisse könnte § 45 wie folgt gefasst werden:

§ 45

Zuschuss des Bundes

(1) Die Deutsche Welle finanziert sich aus dem Zuschuss des Bundes und sonstigen Einnahmen.

(2) Zur Überprüfung und Ermittlung des Finanzbedarfs wird eine unabhängige Kommission zur Überprüfung und Ermittlung des Finanzbedarfs der Deutschen Welle (KDW) eingesetzt. Die Mitglieder sind in ihrer Aufgabenerfüllung an Aufträge oder Weisungen nicht gebunden.

(3) Die KDW besteht aus sieben unabhängigen Sachverständigen. Sie wählt aus ihrer Mitte einen Vorsitzenden und ein oder zwei Stellvertreter. Sie beschließt ihre Berichte, die mit einem konkreten Vorschlag des zu gewährenden Zuschusses des Bundes für den Zeitraum von vier Jahren enden, mit einer Mehrheit von mindestens vier Stimmen ihrer gesetzlichen Mitglieder.

(4) Bundesregierung, Bundesrat und Bundestag benennen je zwei Mitglieder. Die Sachverständigen sollen aus den Bereichen Wirtschaftsprüfung und Unternehmensberatung, Betriebswirtschaft, Rundfunkrecht,

---

[110] Vgl. dazu oben.

Medienwissenschaft und Rundfunktechnik kommen. Ein Sachverständiger wird vom Bundesrechnungshof benannt und soll diesem angehören.

(5) Die Mitglieder der KDW werden jeweils für die Dauer von fünf Jahren berufen; Wiederberufung ist zulässig. Die Mitglieder enthalten eine angemessene Aufwandsentschädigung.

(6) Die Mitglieder der KDW und die zur Erfüllung ihrer Aufgaben herangezogenen Dritten sind auch nach Beendigung ihrer Tätigkeit zur Verschwiegenheit über alle ihnen im Rahmen der Tätigkeit bekannt gewordenen Tatsachen verpflichtet, es sei denn, diese sind offenkundig und bedürfen ihrer Bedeutung nach keiner Geheimhaltung.

(7) Die Deutsche Welle meldet im Abstand von vier Jahren ihren Finanzbedarf der KDW an. Hierzu übermittelt sie der KDW die beschlossene Aufgabenplanung mit dem darin enthaltenen Finanzbedarf und eine Übersicht über die zu erwartenden sonstigen Einnahmen.

(8) Die KDW hat die Aufgabe, unter Beachtung der Programmautonomie der Deutschen Welle den von der Deutschen Welle angemeldeten Finanzbedarf fachlich zu überprüfen und zu ermitteln. Dies bezieht sich darauf, ob sich die Programmentscheidungen im Rahmen des rechtlich umgrenzten Rundfunkauftrages, wie er durch die Aufgabenplanung konkretisiert wurde, halten und ob der aus ihnen abgeleitete Finanzbedarf zutreffend und im Einklang mit den Grundsätzen von Wirtschaftlichkeit und Sparsamkeit ermittelt worden ist. Die Prüfung, ob der Finanzbedarf im Einklang mit den Grundsätzen von Wirtschaftlichkeit und Sparsamkeit ermittelt worden ist, umfasst auch, in welchem Umfang Rationalisierungs- einschließlich Kooperationsmöglichkeiten genutzt werden.

cc) *Die Entscheidung durch den Haushaltsgesetzgeber*

Der Vorschlag der Kommission über die Höhe des Zuschusses muss für den Bund grundsätzlich Bindungswirkung entfalten. Abweichungen sind nur unter Beachtung der vom Bundesverfassungsgericht für das Gebührenfestsetzungsverfahren beschriebenen Voraussetzungen zulässig und bedürfen stets einer Begründung. Sie sind zudem gerichtlich überprüfbar. Allerdings ist einzuräumen, dass die vom Bundesverfassungsgericht genannten Abweichungsgründe – Gesichtspunkte des Informationszugangs und der angemessenen Belastung der Rundfunkteilnehmer – nicht ohne weiteres auf die Finanzierung durch Steuermittel übertragbar sind. Sie sind vielmehr auf die Situation des Gebührenzahlers bezogen, der finanziell nicht überfordert werden soll. Sinngemäß können die diesbezüglichen Überlegungen aber fruchtbar gemacht werden. Bei der Höhe des Bundeszuschusses geht es letztlich um die angemessene Belastung des Steuerzahlers. Zudem werden bereits bei der Aufgabenplanung Anregungen und Bedenken der Bundesregierung, des Parlaments und des Landesrechnungshofs berücksichtigt. Dies führt sogar dazu, dass das Bedürfnis, von den Empfehlungen der unabhängigen Kommission abzuweichen, deutlich geringer ist. Gegen eine Bindung ließe sich einwenden, dass das Budgetrecht des Parlamentes bzw. die Souveränität des Haushaltsgesetzgebers beeinträchtigt werden.[111] Dieser Einwand überzeugt angesichts der Entscheidung des Bundesverfassungsgerichts nicht. Auch die Letztentscheidung über die Rundfunkgebühr wird von den Parlamenten getroffen. Dies hat das Bundesverfassungsgericht im Hinblick auf die grundrechtlich verbürgte Rundfunkfreiheit nicht daran gehindert, im Ergebnis festzuhalten, dass es sich bei der Gebührenentscheidung des Parlaments um eine gebundene Entscheidung handelt, die von allgemeinen medienpolitischen Rücksichten gerade freizuhalten ist. Was für die Landesparlamente gilt, muss für den Bundestag in gleicher Weise seine Berechtigung haben. Aus der Rundfunkfreiheit folgt, dass der Bund verpflichtet ist, die Deutsche Welle aufgabengerecht bzw. funktionsadäquat zu finanzieren. Die Entscheidung über die Höhe des Zuschusses darf nicht dazu missbraucht werden, allgemeine rundfunkpolitische Ziele zu verfolgen. Insoweit ist der Bund wie die Länder darauf verwiesen, mit einer Änderung allgemeiner rundfunkrechtlicher Regelungen zu reagieren, also etwa das DWG zu novellieren. Im Ergebnis bleibt daher festzuhalten, dass der Vorschlag der KDW die gleiche Bindungswirkung haben muss, wie der Vorschlag der KEF gegenüber den Landesparlamenten.

Um diesen Aspekten Rechnung zu tragen, ist § 45 Abs. 9 DWG daher folgendermaßen zu formulieren:

(9) Der Zuschuss des Bundes wird vom Deutschen Bundestag für den jeweiligen Zeitraum von vier Jahren auf der Grundlage des Vorschlages der KDW festgesetzt.

---

[111] Vgl. dazu etwa *Tillmanns/Hein*, DVBl. 1990, 91 ff., 93; *Ossenbühl*, Rundfunkfreiheit und die Finanzautonomie des Deutschlandfunks, 29 f.; *Heydt*, AöR 100 (1975), 584 ff., 600.

VII. Zusammenfassung

1. Die geplante Novellierung des Deutsche-Welle-Gesetzes

a) Momentan wird eine Novellierung des DWG diskutiert. Dabei sollen die Vorschriften über den Programmauftrag präzisiert und die in §§ 44 ff. DWG enthaltenen Bestimmungen über die Finanzierung geändert werden.

b) In diesem Zusammenhang spielt die Frage der Funktion und des Auftrages der Deutschen Welle eine zentrale Rolle. Davon hängt auch ab, wie die in § 46 Abs. 3 DWG vorgesehene Aufgabenplanung der Deutschen Welle in Zukunft erfolgen soll. Im Hinblick auf den Auftrag der Deutschen Welle ist auch bedeutsam, ob und inwieweit sich die Deutsche Welle des Internets bedienen darf. Die Verbreitung von Programmen und Begleitinformationen mittels Online-Diensten besitzt als neue Möglichkeit, Zuhörer und Zuschauer im Ausland zu erreichen, entscheidende Bedeutung.

2. Die Funktion und der Auftrag der Deutschen Welle im Verfassungsgefüge des Grundgesetzes

a) Der öffentlich-rechtliche Rundfunk hat die Aufgabe, Garant für eine funktionierende Demokratie in Deutschland zu sein. Gleichzeitig soll der öffentlich-rechtliche Rundfunk auch die für eine freiheitliche Demokratie unabdingbaren kulturellen Werte vermitteln. Der öffentlich-rechtliche Rundfunk besitzt damit einen Kulturauftrag.

b) Das Grundgesetz enthält in der Präambel sowie den Artikeln 1 Abs. 2, 24, 25, 26 GG den Verfassungsauftrag der internationalen Zusammenarbeit. Diese internationale Zusammenarbeit muss auf bestimmten Grundwerten, nämlich den unverletzlichen und unveräußerlichen Menschenrechten beruhen und dem Ziel der Wahrung des Friedens in der Welt verpflichtet sein.

c) Das Grundgesetz formuliert zudem in der Präambel sowie zentral in Art. 23 GG den Verfassungsauftrag der europäischen Integration. Die internationale Zusammenarbeit sowie die europäische Integration bilden Staatsziele, die bindende Direktiven für alle Staatsgewalten darstellen.

d) Die internationale Zusammenarbeit und die europäische Integration setzen Informationen der Bürger anderer Staaten über die Bundesrepublik Deutschland zwingend voraus. Zusammenarbeit beruht auf Vertrauen und baut auf der Kenntnis der Bürger des Partnerstaates über das Leben, die Gesellschaft und die Werte in der Bundesrepublik Deutschland auf.

e) Hier besitzt die Deutsche Welle ihre entscheidende Funktion, die sie von den anderen öffentlich-rechtlichen Rundfunkanstalten abhebt. Sie ist verpflichtet, über Deutschland für das Ausland umfassend, ausgewogen und dem Prinzip der Wahrhaftigkeit entsprechend zu informieren. Die Deutsche Welle muss die fundamentalen Grundwerte, die unsere Verfassung und unsere Kultur prägen, wie etwa die Menschenrechte im Ausland vermitteln und aktiv für diese eintreten.

f) In einer zunehmend „globalisierten" Welt wird diese Funktion der Deutschen Welle immer wichtiger. Dem Zusammenhang zwischen einer auf Frieden und Gerechtigkeit ausgerichteten internationalen Zusammenarbeit und einer funktionstüchtigen Deutschen Welle als öffentlich-rechtlicher Auslandsrundfunkanstalt sollte in Zukunft deutlich größere Bedeutung zugemessen werden.

3. Der Programmauftrag der Deutschen Welle und seine mögliche Ergänzung

a) Der Programmauftrag der Deutschen Welle ist bisher generalklauselartig in § 4 DWG beschrieben. Die in § 5 DWG enthaltenen Programmgrundsätze entsprechen im Wesentlichen den Vorgaben, die die Staatsverträge und die Landesrundfunkgesetze für den öffentlich-rechtlichen Rundfunk vorsehen. Zudem statuiert § 5 Abs. 3 Satz 1 DWG ein außenpolitisches Rücksichtnahmegebot speziell für die Deutsche Welle.

b) Eine Ergänzung des Programmauftrages der Deutschen Welle sollte an der spezifischen Funktion der Deutschen Welle anknüpfen. In diesem Zusammenhang erhält der Kulturauftrag der Deutschen Welle herausragende Bedeutung. Mit diesem Kulturauftrag, der eine umfassende, wahrheitsgetreue, engagierte und den verfassungsrechtlichen Werten des Grundgesetzes verpflichtete Berichterstattung über Deutschland verlangt, legt die Deutsche Welle die Basis für die internationale Zusammenarbeit und für die Pflege und Fortentwicklung der europäischen Integration.

c) Der in § 4 DWG umrissene Programmauftrag der Deutschen Welle sollte daher folgendermaßen gefasst werden:

Die Sendungen der Deutschen Welle sollen den Rundfunkteilnehmern im Ausland ein umfassendes Bild des politischen, kulturellen und wirtschaftlichen Lebens in Deutschland vermitteln und ihnen die deutschen Auffassungen zu wichtigen Fragen darstellen und erläutern. Die Deutsche Welle bildet einen wichtigen Faktor des Kulturauftrages des Grundgesetzes. Als unabhängiger kultureller Vermittler zwischen der Bundesrepublik Deutschland und den Bürgern anderer Staaten besitzt sie eine Schlüsselfunktion für die Erfüllung der Verfassungsaufträge der internationalen Zusammenarbeit und der europäischen Integration. Die Deutsche Welle berichtet daher im Ausland insbesondere über Vorgänge in Deutschland und über das regionale Geschehen in dem jeweiligen Zielgebiet im Ausland.

4. Die Vorgaben der Rundfunkfreiheit

a) Die Rundfunkfreiheit stellt nach der Rechtsprechung des Bundesverfassungsgerichtes eine dienende Freiheit dar. Sie gebietet die Schaffung einer positiven Ordnung, die sicherstellt, dass der Rundfunk nicht dem Staat oder einzelnen gesellschaftlichen Gruppen ausgeliefert wird.

b) Der für den öffentlich-rechtlichen Rundfunk geltende Grundsatz der Staatsferne verbietet die mittel- oder unmittelbare Einflussnahme auf die Programmgestaltung und macht eine staatsferne Struktur des öffentlich-rechtlichen Rundfunks erforderlich.

c) Die öffentlich-rechtlichen Rundfunkanstalten sind bezüglich der Rundfunkfreiheit grundrechtsfähig. Sie können Eingriffe in ihre Rundfunkfreiheit mit der Verfassungsbeschwerde geltend machen.

d) Bei der Deutschen Welle handelt es sich um einen an das Ausland gerichteten Sender mit dem Auftrag umfassender und ausgewogener Berichterstattung. Damit geht der Funktionsbereich der Deutschen Welle weit über das hinaus, was unter regierungsamtlicher Öffentlichkeit verstanden werden kann. Die Deutsche Welle veranstaltet somit echten Rundfunk, keine regierungsamtliche Öffentlichkeitsarbeit.

e) Die Deutsche Welle ist folglich Trägerin des Grundrechts der Rundfunkfreiheit. Die Autonomie der Deutschen Welle in Bezug auf das von ihr ausgestrahlte Programm und ihre staatsferne Struktur ist daher verfassungsrechtlich geboten.

5. Die Online-Aktivitäten der Deutschen Welle

a) Das Internet als zusätzliche Übertragungsmöglichkeit ist für die Deutsche Welle von ungleich größerer Bedeutung als für inländische öffentlich-rechtliche Rundfunkveranstalter. Angesichts der Zulässigkeit programmbegleitender Druckwerke nach § 14 DWG und angesichts der für den öffentlich-rechtlichen Rundfunk bestehenden Entwicklungsgarantie erweisen sich programmbegleitende Online-Aktivitäten der Deutschen Welle in jedem Fall als zulässige Randbetätigung der Deutschen Welle.

b) Die Erreichbarkeit der Zielgruppen im Ausland stellt bei der Deutschen Welle das entscheidende Problem dar. Gerade Online-Angebote ermöglichen es der Deutschen Welle, immer mehr Endnutzer in der ganzen Welt zu erreichen, da das Internet eine weltweite und kostengünstige Infrastruktur zur Verfügung stellt, die von immer mehr Endnutzern herangezogen wird. Für die effektive Erfüllung des aufgezeigten verfassungsrechtlichen Kulturauftrages der Deutschen Welle ist ein eigenständiger medialer Auftritt der Deutschen Welle daher unverzichtbar. Aus dem spezifischen Auftrag des Auslandsrundfunks Deutsche Welle ergibt sich daher, dass Online-Angebote auch als eine Haupttätigkeit der Deutschen Welle erforderlich sind.

c) § 3 Abs. 1 DWG sollte daher wie folgt formuliert werden:

(1) Die Deutsche Welle veranstaltet Rundfunk (Hörfunk und Fernsehen) für das Ausland und bietet an die Allgemeinheit gerichtete Informations- und Kommunikationsdienste (Mediendienste) in Text, Bild und Ton an. Zu dem letztgenannten Zweck nutzt sie das Internet oder vergleichbare Netze.

6. Die Finanzierung der Deutschen Welle

a) Die Deutsche Welle besitzt als öffentlich-rechtliche Rundfunkanstalt einen verfassungsrechtlichen Anspruch auf funktionsangemessene Finanzierung. Dieser Anspruch spiegelt sich einfachgesetzlich in § 44 DWG wider. Der Anspruch auf funktionsangemessene Finanzierung bedeutet für den Bund die Pflicht zur Finanzierung von Hörfunk, Fernsehen und Online-Angeboten der Deutschen Welle. Die Finanzierung der Deutschen Welle erfolgt nicht aus Rundfunkgebühren, sondern aus Steuergeldern.

b) Die Deutsche Welle meldet ihren Finanzbedarf an. Die Grundlage für die Anmeldung des Finanzbedarfs bildet die von der Deutschen Welle nach § 46 Abs. 3 DWG selbst zu erstellende Aufgabenplanung. § 46 Abs. 3 ist daher im Hinblick auf die Bedarfsanmeldung wie folgt zu fassen:

(3) Die Deutsche Welle entwirft eine Aufgabenplanung, aus der sich insbesondere die Programmleistung der Deutschen Welle, vorgesehene Änderungen im Programmbereich, die vorgesehenen Investitionen sowie der daraus resultierende Finanzbedarf für einen Zeitraum der nächsten vier Jahre ergeben. Der Entwurf wird vom Intendanten mit Zustimmung des Rundfunkrates und des Verwaltungsrates erstellt. Die Deutsche Welle leitet den Entwurf unverzüglich der Bundesregierung, dem Deutschen Bundestag und dem Bundesrechnungshof zur Stellungnahme zu. Die Stellungnahmen sind innerhalb von drei Monaten abzugeben. Anschließend wird die Aufgabenplanung vom Rundfunkrat und dem Verwaltungsrat der Deutschen Welle unter Berücksichtigung der Stellungnahmen beschlossen. Abweichungen von den in den Stellungnahmen gegebenen Anregungen und Hinweisen sind zu begründen.

c) Die Höhe des vom Bund nach § 45 DWG zu gewährenden jährlichen Zuschusses sollte künftig durch eine unabhängige Kommission festgesetzt werden, wie sie etwa die Kommission zur Überprüfung und Ermittlung des Finanzbedarfs der Rundfunkanstalten (KEF) für die sonstigen öffentlich-rechtlichen Rundfunkanstalten darstellt. Hierfür sollte eine eigene Kommission zur Überprüfung und Ermittlung des Finanzbedarfs der Deutschen Welle (KDW) geschaffen werden.

d) § 45 DWG (Zuschuss des Bundes) ist daher wie folgt zu formulieren:

(1) Die Deutsche Welle finanziert sich aus dem Zuschuss des Bundes und sonstigen Einnahmen.

(2) Zur Überprüfung und Ermittlung des Finanzbedarfs wird eine unabhängige Kommission zur Überprüfung und Ermittlung des Finanzbedarfs der Deutschen Welle (KDW) eingesetzt. Die Mitglieder sind in ihrer Aufgabenerfüllung an Aufträge oder Weisungen nicht gebunden.

(3) Die KDW besteht aus sieben unabhängigen Sachverständigen. Sie wählt aus ihrer Mitte einen Vorsitzenden und ein oder zwei Stellvertreter. Sie beschließt ihre Berichte, die mit einem konkreten Vorschlag des zu gewährenden Zuschusses des Bundes für den Zeitraum von vier Jahren enden, mit einer Mehrheit von mindestens vier Stimmen ihrer gesetzlichen Mitglieder.

(4) Bundesregierung, Bundesrat und Bundestag benennen je zwei Mitglieder. Die Sachverständigen sollen aus den Bereichen Wirtschaftsprüfung und Unternehmensberatung, Betriebswirtschaft, Rundfunkrecht, Medienwissenschaft und Rundfunktechnik kommen. Ein Sachverständiger wird vom Bundesrechnungshof benannt und soll diesem angehören.

(5) Die Mitglieder der KDW werden jeweils für die Dauer von fünf Jahren berufen; Wiederberufung ist zulässig. Die Mitglieder enthalten eine angemessene Aufwandsentschädigung.

(6) Die Mitglieder der KDW und die zur Erfüllung ihrer Aufgaben herangezogenen Dritten sind auch nach Beendigung ihrer Tätigkeit zur Verschwiegenheit über alle ihnen im Rahmen der Tätigkeit bekannt gewordenen Tatsachen verpflichtet, es sei denn, diese sind offenkundig und bedürfen ihrer Bedeutung nach keiner Geheimhaltung.

(7) Die Deutsche Welle meldet im Abstand von vier Jahren ihren Finanzbedarf der KDW an. Hierzu übermittelt sie der KDW die beschlossene Aufgabenplanung mit dem darin enthaltenen Finanzbedarf und eine Übersicht über die zu erwartenden sonstigen Einnahmen.

(8) Die KDW hat die Aufgabe, unter Beachtung der Programmautonomie der Deutschen Welle den von der Deutschen Welle angemeldeten Finanzbedarf fachlich zu überprüfen und zu ermitteln. Dies bezieht sich

darauf, ob sich die Programmentscheidungen im Rahmen des rechtlich umgrenzten Rundfunkauftrages, wie er durch die Aufgabenplanung konkretisiert wurde, halten und ob der aus ihnen abgeleitete Finanzbedarf zutreffend und im Einklang mit den Grundsätzen von Wirtschaftlichkeit und Sparsamkeit ermittelt worden ist. Die Prüfung, ob der Finanzbedarf im Einklang mit den Grundsätzen von Wirtschaftlichkeit und Sparsamkeit ermittelt worden ist, umfasst auch, in welchem Umfang Rationalisierungs- einschließlich Kooperationsmöglichkeiten genutzt werden.

e) Die Entscheidung der Kommission über die Höhe des Zuschusses muss auf der Basis der von der Deutschen Welle nach § 46 Abs. 3 DWG selbst zu erstellenden Aufgabenplanung für die Deutsche Welle erfolgen. Die Beschlüsse der Kommission über die Höhe des Zuschusses müssen für den Bund verbindlich sein.

f) § 45 Abs. 9 DWG ist folgendermaßen zu formulieren:

(9) Der Zuschuss des Bundes wird vom Deutschen Bundestag für den jeweiligen Zeitraum von vier Jahren auf der Grundlage des Vorschlages der KDW festgesetzt.

LITERATURVERZEICHNIS

Bernhardt, Rudolf, Bundesverfassungsgericht und völkerrechtliche Verträge, in: *Starck, Christian* (Hrsg.), Bundesverfassungsgericht und Grundgesetz, Zweiter Band, Tübingen 1976, S. 154

Bethge, Herbert, Budgetrecht contra Rundfunkfreiheit, in: Deutsche Welle (Hrsg.), Stellung und Finanzierung des deutschen Auslandsrundfunks, Berlin 2000, S. 11

Ders., Der Grundversorgungsauftrag des öffentlich-rechtlichen Rundfunks in der dualen Rundfunkordnung, MP 1996, S. 66

Bilstein, Thomas, Rundfunksendezeiten für amtliche Verlautbarungen, München 1992

Bullinger, Martin, Rundfunkordnung im Bundesstaat und in der Europäischen Gemeinschaft – Aktuelle rechtliche Probleme -, AfP 1985, S. 257

Cremer, Hans-Joachim, Die Reform der Deutschen Welle und die Rundfunkfreiheit, ZUM 1995, S. 674

Degenhart, Christoph, Rundfunk und Internet, ZUM 1998, S. 333

Ders., Funktionsauftrag und „dritte Programmsäule" des öffentlich-rechtlichen Rundfunks, K&R 2001, S. 329

Dittmann, Armin, Die Bundesverwaltung, verfassungsgeschichtliche Grundlagen, grundgesetzliche Vorgaben und Staatspraxis ihrer Organisation, Tübingen 1983

Dörr, Dieter, Auslandsrundfunk contra Rundfunkfreiheit, in: *Deutsche Welle* (Hrsg.), Stellung und Finanzierung des deutschen Auslandsrundfunks, DW-Symposium März 2000, Dokumentation, Berlin 2000, S. 21

Ders., Die verfassungsrechtliche Stellung der Deutschen Welle, München 1998

Ders., Sport im Fernsehen, Die Funktionen des öffentlich-rechtlichen Rundfunks bei der Sportberichterstattung, Frankfurt am Main 2000

Ders., Umfang und Grenzen der Rechtsaufsicht über die Deutsche Welle, Frankfurt am Main 2000

Ders., Unabhängig und gemeinnützig – ein Modell von gestern?, in: ARD (Hrsg.), 50 Jahre ARD, Baden-Baden 2000, S. 12

Ders./Zorn, Nicole, Die Entwicklung des Medienrechts, NJW 2001, S. 2837

Fromm, Michael, Öffentlich-rechtlicher Programmauftrag und Rundfunkföderalismus, Baden-Baden 1998

Dreier, Horst (Hrsg.), Grundgesetz-Kommentar, Band 2, Tübingen 1998

Gersdorf, Hubertus, Staatsfreiheit des Rundfunks in der dualen Rundfunkordnung der Bundesrepublik Deutschland, Berlin 1991

Gutting, Doris, Die Multimedia-Entwicklung und ihre Auswirkungen auf die Rundfunkanstalten, ZögU 1998, Band 21, S. 79

Klein, Hans Hugo, Die Rundfunkfreiheit, München 1978

Hartstein, Reinhard, Die Finanzierungsgarantie des Bundes für die Deutsche Welle, Berlin 1999

Hartstein, Reinhard; Ring, Wolf-Dieter; Kreile, Johannes; Dörr, Dieter; Stettner, Rupert, Rundfunkstaatsvertrag, Kommentar, Band I und II, Loseblattsammlung, München/Berlin, Stand Januar 2003

Herrmann, Günter, Rundfunkrecht, München 1994

Hesse, Albrecht, Rundfunkrecht, 2. Auflage, München 1999

Heydt, Volker, Rundfunkfinanzierung aus dem Staatshaushalt, AöR 100 (1975), S. 584

Jarass, Hans, Die Freiheit des Rundfunks vom Staat, Berlin 1981

Kant, Immanuel, Zum ewigen Frieden. Ein philosophischer Entwurf, in: *Weischedel, Wilhelm* (Hrsg.), Kant Werke, Band 9, Darmstadt 1983, S. 195

Kirchhof, Paul Der Öffentlichkeitsauftrag des öffentlichen Rundfunks als Befähigung zur Freiheit, in: *Abele, Hanns; Fünfgeld, Hermann; Riva, Antonio*, (Hrsg.), Werte und Wert des öffentlich-rechtlichen Rundfunks in der digitalen Zukunft, FAR-Tagung 2000, Potsdam 2001, S. 9

Krause-Ablass, Günter, Die Bedeutung des Fernsehurteils des Bundesverfassungsgerichts für die Verfassung des deutschen Rundfunks, JZ 1962, S. 158

Libertus, Michael, Grundversorgungsauftrag und Funktionsgarantie, München 1991

Maunz, Theodor; Dürig, Günter; u. a. (Hrsg.), Grundgesetz-Kommentar, Band 1, Loseblattsammlung, Stand Juli 2001

Möstl, Markus, Die staatliche Garantie für die öffentliche Sicherheit und Ordnung, Tübingen 2002

Niepalla, Peter, Deutsche-Welle-Gesetz, Kommentar, Baden-Baden 2003

Ders., Die Grundversorgung durch die öffentlich-rechtlichen Rundfunkanstalten, München 1990

Ders., Rundfunkfreiheit für die Deutsche Welle?, ZUM 1993, S. 109

Ossenbühl, Fritz, Rundfunkfreiheit und die Finanzautonomie des Deutschlandfunks, München 1969

Paschke, Marian, Medienrecht, 2. Auflage, Berlin/Heidelberg/New York 2000

Pieroth, Bodo; Schlink, Bernhard, Grundrechte - Staatsrecht II, 17. Auflage, Heidelberg 2001

Puhl, Thomas, Grundrechtsschutz, Bestandsgarantie und Finanzierungsanspruch der Bundesrundfunkanstalten, DVBl. 1992, S. 933

Rath-Glawatz, Michael, Betätigung öffentlich-rechtlicher Körperschaften und Anstalten im Online-Bereich, AfP 1998, S. 261

Remmele, Wolf-Dieter, Die Selbstdarstellung der Bundesrepublik Deutschland im Ausland durch Rundfunk als Problem des Staats- und Völkerrechts, Frankfurt am Main/Bern 1979

Ress, Georg, Wechselwirkungen zwischen Völkerrecht und Verfassung bei der Auslegung völkerrechtlicher Verträge, in: Berichte der Deutschen Gesellschaft für Völkerrecht, Heft 23, S. 7

Reuhl, Günter, Kulturstaatlichkeit im Grundgesetz, JZ 1981, S. 321

Ricker, Reinhart, Die Nutzung des Internets als dritte Säule des öffentlich-rechtlichen Rundfunks, ZUM 2001, S. 28

Scheuer, Alexander; Strothmann, Peter, Europäisches Medienrecht – Entwicklungen 2000/2001, MMR 2001, S. 576

Schröder, Meinhard, Die Wirkkraft der Grundrechte bei Sachverhalten mit grenzüberschreitenden Elementen, in: *von Münch, Ingo* (Hrsg.), Staatsrecht, Völkerrecht, Europarecht, Festschrift für Hans-Jürgen Schlochauer, Berlin/New York 1981, S. 137

Schürmann, Frank, Staatliche Mediennutzung, AfP 1993, S. 435

Stern, Klaus, Kulturelle Werte im deutschen Verfassungsrecht, in: *Kästner, Karl-Hermann; Nörr, Knut Wolfgang; Schlaich, Klaus* (Hrsg.), Festschrift für Martin Heckel zum siebzigsten Geburtstag, Tübingen 1999, S. 857

Stock, Martin, Medienfreiheit als Funktionsgrundrecht, München 1985

Tillmanns, Lutz; Hein, Gabriele, Verfassungsrechtliche Probleme bei der Finanzierung der Bundesrundfunkanstalten, DVBl. 1990, S. 91

Vogel, Klaus, Die Verfassungsentscheidung des Grundgesetzes für eine internationale Zusammenarbeit, Tübingen 1964

**Studien zum deutschen
und europäischen Medienrecht**

Herausgegeben von Dieter Dörr
mit Unterstützung der Dr. Feldbausch Stiftung

Band 1 Peter Charissé: Die Rundfunkveranstaltungsfreiheit und das Zulassungsregime der Rundfunk- und Mediengesetze. Eine verfassungs- und europarechtliche Untersuchung der subjektiv-rechtlichen Stellung privater Rundfunkveranstalter. 1999.

Band 2 Dieter Dörr: Umfang und Grenzen der Rechtsaufsicht über die Deutsche Welle. 2000.

Band 3 Claudia Braml: Das Teleshopping und die Rundfunkfreiheit. Eine verfassungs- und europarechtliche Untersuchung im Hinblick auf den Rundfunkstaatsvertrag, den Mediendienste-Staatsvertrag, das Teledienstegesetz und die EG-Fernsehrichtlinie. 2000.

Band 4 Dieter Dörr, unter Mitarbeit von Mark D. Cole: *Big Brother* und die Menschenwürde. Die Menschenwürde und die Programmfreiheit am Beispiel eines neuen Sendeformats. 2000.

Band 5 Martin Stock: Medienfreiheit in der EU-Grundrechtscharta: Art. 10 EMRK ergänzen und modernisieren! 2000.

Band 6 Wolfgang Lent: Rundfunk-, Medien-, Teledienste. Eine verfassungsrechtliche Untersuchung des Rundfunkbegriffs und der Gewährleistungsbereiche öffentlich-rechtlicher Rundfunkanstalten unter Berücksichtigung einfachrechtlicher Abgrenzungsfragen zwischen Rundfunkstaatsvertrag, Mediendienstestaatsvertrag und Teledienstegesetz. 2001.

Band 7 Torsten Schreier: Das Selbstverwaltungsrecht der öffentlich-rechtlichen Rundfunkanstalten. 2001.

Band 8 Dieter Dörr: Sport im Fernsehen. Die Funktionen des öffentlich-rechtlichen Rundfunks bei der Sportberichterstattung. 2000.

Band 9 Dieter Dörr (Hrsg.): www.otello.de. Klassik nur noch im Internet oder per pay? Symposium aus Anlass des 85. Geburtstages von Professor Dr. Heinz Hübner. 2000.

Band 10 Markus Nauheim: Die Rechtmäßigkeit des Must-Carry-Prinzips im Bereich des digitalisierten Kabelfernsehens in der Bundesrepublik Deutschland. Illustriert anhand des Vierten Rundfunkänderungsstaatsvertrages. 2001.

Band 11 Stefan Sporn: Die Ländermedienanstalt. Zur Zukunft der Aufsicht über den privaten Rundfunk in Deutschland und Europa. 2001.

Band 12 Christian Ebsen: Fensterprogramme im Privatrundfunk als Mittel zur Sicherung von Meinungsvielfalt. 2003.

Band 13 Dieter Dörr / Stephanie Schiedermair: Rundfunk und Datenschutz. Die Stellung des Datenschutzbeauftragten des Norddeutschen Rundfunks. Eine Untersuchung unter besonderer Berücksichtigung der verfassungsrechtlichen und europarechtlichen Vorgaben. 2002.

Band 14 Dieter Dörr (Hrsg.): Rundfunk über Gebühr. Die Finanzierung des öffentlich-rechtlichen Rundfunks im Zeitalter der technischen Konvergenz. 3. Mainzer Mediengespräch. 2003.

Band 15 Dieter Dörr / Stephanie Schiedermair: Die Deutsche Welle. Die Funktion, der Auftrag, die Aufgaben und die Finanzierung heute. 2003.

Dieter Dörr

Umfang und Grenzen der Rechtsaufsicht über die Deutsche Welle

Frankfurt/M., Berlin, Bern, Bruxelles, New York, Oxford, Wien, 2000. 89 S.
Studien zum deutschen und europäischen Medienrecht. Bd. 2
Herausgegeben von Dieter Dörr
ISBN 3-631-35669-2 br. € 18.50*

Die Untersuchung gibt eine Antwort auf die Frage nach Umfang und Grenzen der Rechtsaufsicht über die Bundesrundfunkanstalt Deutsche Welle. Dabei erläutert der Verfasser zunächst die Grundsätze der Staatsaufsicht und ihre verschiedenen Ausprägungen. Im Folgenden wird deren Anwendbarkeit auf Rundfunkanstalten im Allgemeinen überprüft. Weiterhin wird der Anwendungsbereich der Rundfunkfreiheit in Bezug auf die Deutsche Welle erörtert. Schließlich setzt sich der Verfasser mit den Grenzen der Rechtsaufsicht über die Deutsche Welle auseinander und geht insbesondere auf das Verhältnis der Rechtsaufsicht durch den Bund zu den anstaltsinternen Kontrollgremien ein. Abschließend wird festgestellt, welche Arten von Aufsichtsmitteln nach dem Deutsche Welle Gesetz überhaupt in Betracht kommen. Der Verfasser kommt schließlich zu dem Ergebnis, daß bei verfassungsgemäßer Auslegung des DWG die Deutsche Welle nur einer beschränkten Rechtsaufsicht unterliegt.

Aus dem Inhalt: (Beschränkte) Rechtsaufsicht über Rundfunkanstalten · Rundfunkfreiheit · Deutsche Welle als Bundesrundfunkanstalt

Frankfurt/M · Berlin · Bern · Bruxelles · New York · Oxford · Wien
Auslieferung: Verlag Peter Lang AG
Moosstr. 1, CH-2542 Pieterlen
Telefax 00 41 (0) 32 / 376 17 27

*inklusive der in Deutschland gültigen Mehrwertsteuer
Preisänderungen vorbehalten
Homepage http://www.peterlang.de

www.ingramcontent.com/pod-product-compliance
Ingram Content Group UK Ltd.
Pitfield, Milton Keynes, MK11 3LW, UK
UKHW021831140426
5217IPUK00021B/1376